范蒙蒙 著

高校体育教学与管理研究

经济管理出版社
ECONOMY & MANAGEMENT PUBLISHING HOUSE

图书在版编目（CIP）数据

高校体育教学与管理研究 / 范蒙蒙著 .—北京：经济管理出版社，2022.9

ISBN 978-7-5096-8732-1

Ⅰ.①高…　Ⅱ.①范…　Ⅲ.①体育教学—教学研究—高等学校　Ⅳ.①G807.4

中国版本图书馆 CIP 数据核字（2022）第 178617 号

组稿编辑：张丽媛

责任编辑：王光艳

责任印制：黄章平

责任校对：杨利群

出版发行：经济管理出版社

　　　　　（北京市海淀区北蜂窝 8 号中雅大厦 A 座 11 层 100038）

网　　址：www.E-mp.com.cn

电　　话：（010）51915602

印　　刷：北京金康利印刷有限公司

经　　销：新华书店

开　　本：710 mm × 1000 mm/16

印　　张：14.25

字　　数：199 千字

版　　次：2022 年 10 月第 1 版　2022 年 10 月第 1 次印刷

书　　号：ISBN 978-7-5096-8732-1

定　　价：90.00 元

前　言

　　伴随着时代的发展和社会的进步，人们越来越认识到人才在促进社会发展和参与国际竞争中的重要作用。因此，为社会主义现代化建设培养人才是现如今各大高校的义不容辞的责任和义务。培养什么样的人才才能符合社会发展的需求是教育部门和各类高校需要认真思考的问题。经过科学研究和实践证明，当今社会发展不仅需要拥有专业工作知识和技能的知识型人才，更需要具有完善的人格、良好的心理素质、团队合作意识及健康体魄的全面发展型人才。

　　基于以上分析，我们必须加强对高校体育教学工作的重视和研究。高校体育教学是高校教育的重要组成部分，更是高校体育工作的中心环节。高校体育教学是融合了思想品德教育、科学文化教育、心理健康教育、生活技能与体育技能教育于一体的教育过程，是推进实施素质教育、培养全面发展人才的重要途径。高校体育教学是学校体育工作的中心环节，体育教学管理则是完成体育教学任务的保障。体育教学管理的含义就是以体育管理的理论与方法为指导，参照体育教学的任务、目标、特点与规律，对体育教学的各个教学环节和教学过程进行管理。高校体育教学工作的开展离不开高校体育教学管理工作的指导和辅助，而高校体育教学管理工作的工作重点就是促进高校体育教学工作的高效和可持续发展，两者是相辅相成、相互影响、不可分割的关系。

　　本书以高校教育教学改革的方针政策为指导，以高校体育教学及其管理工作为研究对象，共分为七章。第一章主要介绍了体育、体育教学和高校体育教学的基础性知识以及高校体育教学管理工作的概念、原理和基本构成；第二章集中对高校体育教学的理论指导进行了阐述，包括高校体育教学的教学理论、教学思想、教学原则、教学目标；第三章则论述了高校体育教学的重要组成部分，即高校体育教学的教学内容，包括教学内容的层次、分类、改革；第四章主要论述了体育教师传授教学内容所选择和运用的教学方法，包括教学方法的实施过程、实践和改革；第五章针对整个高校体育教学活动的开展进行了设计，除了介绍体育教学设计的模式和过程外，还对如何开展教学设计的评价工作进行了论述；第六章介绍了有关高校体育教学管理工作的相关内容，主要包括体育教学活动、资源和教学主体的管理方法；第七章基于本书以上内容阐述了当前高校体育教学管理工作的创新发展，包括观念创新、思路创新和具体的创新实践。

本书在论述的过程中力求语言简洁、逻辑清晰、论述科学合理，但由于笔者本人能力有限，本书内容还存在诸多不足之处，有待进一步完善，恳请广大读者批评指正。

范蒙蒙

2023 年 1 月 25 日

目　　录

第一章　高校体育教学概述 ·· 1

  第一节　高校体育教学的概念与性质 ································ 1

  第二节　高校体育教学的特点与功能 ································ 8

  第三节　高校体育教学管理的概念、基本原理、系统构成 ·········· 19

第二章　高校体育教学的理论指导 ·· 31

  第一节　高校体育教学理论 ·· 31

  第二节　高校体育教学思想 ·· 41

  第三节　高校体育教学原则 ·· 51

  第四节　高校体育教学目标 ·· 64

第三章　高校体育教学的内容 ·· 75

  第一节　高校体育教学内容阐述 ···································· 75

  第二节　高校体育教学内容的层次 ·································· 84

  第三节　高校体育教学内容的分类 ·································· 87

  第四节　高校体育教学内容的改革 ·································· 95

第四章　高校体育教学的方法 ··· 100

  第一节　高校体育教学方法阐述 ··································· 100

第二节　高校体育教学方法的实施过程 ……………………………… 111

第三节　高校体育教学方法的实践 …………………………………… 120

第四节　高校体育教学方法的改革 …………………………………… 128

第五章　高校体育教学的设计 ………………………………………… 138

第一节　高校体育教学设计阐述 ……………………………………… 138

第二节　高校体育教学设计的模式 …………………………………… 146

第三节　高校体育教学设计的过程 …………………………………… 154

第四节　高校体育教学设计的评价 …………………………………… 163

第六章　高校体育教学管理的内容 …………………………………… 170

第一节　高校体育教学活动的管理 …………………………………… 170

第二节　高校体育教学资源的管理 …………………………………… 180

第三节　高校体育教学主体的管理 …………………………………… 192

第七章　高校体育教学管理的创新发展 ……………………………… 199

第一节　高校体育教学管理的观念创新 ……………………………… 199

第二节　高校体育教学管理的思路创新 ……………………………… 203

第三节　高校体育教学管理的创新实践 ……………………………… 208

参考文献 ………………………………………………………………… 218

第一章 高校体育教学概述

第一节 高校体育教学的概念与性质

伴随时代的发展和社会的进步，人们对教育越来越重视。我国出台了一系列深化教育改革、推进教育教学发展的政策措施。高校体育教学作为高校教育中的重要组成部分，受到了越来越多的关注。为了帮助人们更好地认识和理解高校体育教学，本节将对体育教学的一些基本知识进行简要介绍，如高校体育教学的概念与性质、特点与功能等。

一、高校体育教学的概念

"教学"一词承载了很多信息，不同种类的学科或者知识技能与"教学"组合可以产生多种不同的教学行为；"体育"一词也拥有丰富的含义，其是由于人类社会的进步发展而逐渐建立起来的一门科学。我们要想更好地理解高校体育教学的概念，就要分别了解"体育"和"教学"的概念。

（一）体育的概念

体育作为一个专门的科学研究领域，其概念有着广义和狭义的区别。体育的广义概念是一种有组织的、有意识的社会活动，是社会文化的一部分；开展此项社会活动的主要目的是增强人的体质、促进人的身体健康、促进精神文明发展、丰富社会文化生活的内容；体育以身体的练习和锻炼为主要方式；体育作为社会文化不可或缺的组成部分，它的发展要与国家

1

政策和经济发展水平相协调，并且为相应的社会政治和经济发展服务。

体育的狭义概念可以从"体"和"育"两个字来理解。此处"体"指人的身体、体质；"育"指教育、培养。对如何培养人的身体、体质展开教育就是体育。具体地讲，体育就是一个帮助他人发展身体、增强体质，培养他人意志力，塑造他人道德品行的过程。这是一个教育的过程，是促进人的全面发展的过程，因而属于教育的研究领域。

体育历史悠久，但历史上体育活动的发展并不是一帆风顺的，相反，体育的发展历程是一个充满曲折的过程，并且发展到现在还远远没有结束。在希腊早期的文献著作中曾记载着当时欧洲地区流行的体育活动，如竞技运动、体操、训练等，此时人们通过竞技类体育的激烈对抗来赞美拼搏、奋斗的精神，体育的主要功能在于竞技而非娱乐；中国古代的体育则是按照练武、养生、娱乐三大功能发展的，人们从事体育锻炼的观念受儒家思想的影响较大，所以娱乐功能要大于竞技功能，如骑马、蹴鞠、摔跤、荡秋千等。随着工业革命的开展和教育事业的发展，激发了人们开展户外体育活动的热情，部分专业学者开始整理与体育锻炼相关的术语，并且根据科学的理论编制锻炼身体的方法，如制定"体操"体系。

"体育"的概念是伴随着教育的发展而产生的。"三育并重"教育理念的出现，体现了人们对道德培养、知识学习和体力塑造的同等重视，也使得"体育"这一概念在正规的学校教育中得到普遍的应用和传播，最终取代了其他具有相近含义的词语。伴随着人类文明的发展，现代社会的体育种类越来越多样化，体育的内涵也逐渐丰富。根据人类活动和社会发展的需要，人们创造了新的体育词汇和其他体育表达方式，创造了复杂庞大的体育概念体系。[①]

概念是一种反映事物本质的思维形式，也就是说概念具有反映事物本质属性的作用；而本质属性是事物必须具备的，能够区别于其他事

---

① 王斌.高中体育教学理论与实践探究［M］.延吉：延边大学出版社，2019.

物，作为该事物的标志。事物的定义可以用来体现概念的内容，反映事物的本质属性，接下来本书就介绍一下体育的定义和与体育相关的基本概念。

《现代汉语词典（第7版）》对"体育"一词的定义：以发展体力、增强体质为主要任务的教育，通过参加各项运动来实现。"体育运动"一词的定义锻炼身体增强体质的各种活动，包括田径、体操、球类、游泳、武术、登山、射击、滑冰、滑雪、举重、摔跤、击剑、自行车等各种项目及广播体操、散步、打太极拳等健身活动。

伴随着人类文明的进步，人类对体育的认识和理解逐渐加深，体育的主要任务也超出了发展体力、锻炼身体的范畴，体育活动的发展还有很多进步的空间。当代人们为了追求和谐、美好、高品质的生活，对体育赋予了很高的期望，人们期望通过学习和开展体育活动保持身心的健康与活力，保持形体的美丽，并且培养自己良好的生活习惯和坚韧不拔的意志力。这是当代人们共同的心理诉求，也是广大高校学生的美好愿望。

（二）教学的概念、高校教学的概念与体育教学的概念

"教学"一词包含很多信息，不同种类的学科和技能与教学组合会构成不同类型的教学行为。为了更好地理解高校体育教学的概念，除了要了解体育的概念，还要了解"教学""高校教学"与"体育教学"的概念。

1. 教学的概念

"教学"的概念可以从广义和狭义两个角度来说明。

（1）广义上的教学。

广义上的教学也可称为宏观意义上的教学，它是教学者以某种文化为对象，对受教者展开教育，并且期望受教者掌握此种文化的行为活动。其中，教学者就是掌握某种知识文化和技能的人，受教者就是学习相应文化和技能的人，教学者与受教者共同构成教学的主体。

（2）狭义上的教学。

狭义上的教学也可称为微观意义上的教学，这是一种较为直观的学校教学活动。在这一活动中，学校的教师是教学者，学生是受教者；教师以特定的文化知识为对象，引导学生共同展开教与学互相统一、相互配合的活动。在狭义的教学活动中，教师既要传授专业知识又要组织专业的教学活动。

2. 高校教学的概念

高校教学就是指在高等教育的场所中，由教师的"教"与学生的"学"组成的相互配合、交往互动的双边活动。在这一实践活动中，教师采用恰当的教学方式，有目的、有计划、有组织地引导学生展开学习，目的是促进学生的全面发展；学生通过配合和练习，培养自己主动学习、自觉学习的学习意识，最终掌握系统的科学文化知识和相关技能，实现健康、全面的发展。高校教学活动作为高等院校最基本的活动，所教授的对象都是已通过义务教育学习阶段、即将进入社会工作的学生群体，因此担负着为社会、为国家培养人才的重任。①

3. 体育教学的概念

（1）体育教学的概念归纳。

体育教育学界的专家学者对体育教学的概念众说纷纭，纷纷提出了自己独特的看法，现挑选出部分具有代表性且大众认可度较高的概念。

体育教学是学校体育重要的组成部分，是实现学校体育目标的基本组成形式，是将教师的教和学生的学进行统一的活动。

——潘绍伟和于可红《学校体育学》

体育教学是教与学的统一活动，是学生在教师有目的、有计划的指导下，积极主动地学习与掌握体育、卫生保健基础知识和基本技术、技能，锻炼身体，增强体质，促进健康，发展运动能力，培养思想品德的一种有组织的教育过程，是实现学校体育目标的基本途径

① 张建初.高等教育财政新论［M］.苏州：苏州大学出版社，2009.

之一。

——李祥《学校体育学》

体育教学是一种以体育教材为中介，学生在体育教师的指导下掌握体育知识、技术和技能，养成良好的体育锻炼习惯，促进学生身体、心理和社会适应能力健康发展的教育活动。

——姚蕾《体育教学论学程》

体育教学论研究的对象是体育教学。体育教学与其他各科教学一样具有共通性，都是一种有目的、有计划、有组织地对学生传授知识和技能，发展智力和体力，培养品德和形成个性的教育过程。

——龚正伟《体育教学论》

根据以上观点，本书可以将体育教学的概念定义为：体育教学是以体育实践性知识（运动技术）和理论性知识为主要教学内容的教学。也就是说，在体育教学的过程中，教师在教授运动技能的同时，还应注意传授相关理论知识，对于学生而言，学习一些必要的运动理论知识有助于其对实践性知识的理解。

（2）体育教学概念的内涵。

体育教学是一个动态变化的过程，这一过程的主要行为活动是体育知识与技能的传授。在不同的发展阶段，体育教学的概念也会受各种因素的影响不断更新。

第一，体育教学是学校里的一门学科，同语文、数学、英语等其他学科一样，体育教学也包括教学目标、教学内容、教学方法、教学设计、教学评价等内容。体育教学的目标以发展学生的体能、锻炼学生的身体、增强学生的体魄为主，体育教学配合德育教学、智育教学、美育教学和劳育教学，共同促进学生的身心全面发展。体育教学最重要的教学组织形式是课程教学，体育课程教学是以发展学生体能、促进学生身心健康发展为目标，配合实现学生全面发展目的的特殊课程教学。

第二，体育教学属于教育的组成部分，体育教学是一种由教师指导，从生物科学、社会学、教育学、心理学、哲学等学科中获取教育学科知识，有计划、有目的、有组织地进行有关身体和健康方面的教育行为。当前的体育教学除了在运动能力方面还有待提高，在其他体育运动、体育活动、体育训练方面已经发展得较为成熟，这些教学都有助于学生体能开发和全面发展，也是素质教育提倡的重要教学内容。

第三，体育教学不是由一项活动组成，而是一系列具有目的性、计划性和组织性的体育活动的组合。部分研究学者也提出过类似的看法，即现代体育教学是为了使学生能在运动认知、运动技能、个人情感和社会参与方面和谐发展的、有计划性和组织性的活动。因此，学校对教师从事体育教学的要求比较复杂。学校要求教师不仅要掌握科学熟练的体育理论知识，还要掌握一定的运动技能，并且能运用自身的运动技能为学生做出正确示范。

（三）高校体育教学的概念界定

将高校教学的概念与体育教学的相关概念结合在一起，就基本形成了高校体育教学的概念。高校体育教学具有新的教学内容与教学方法。高校体育的教学内容需要根据高校学生的身体特点和心理需求来制定，在教学的方法和形式上，高校体育教学特别需要开展组织和管理活动。与其他学科不同的是，高校体育教学对教学环境的要求更高，尤其对开展体育活动所需要的器材和教学场地的要求更加严苛。

因此，高校体育教学的概念：

高校教师开展的，以体育实践性知识（运动技术）和理论性知识为主要教学内容，以高校学生为教学对象，以促进学生的身体、心理和社会适应能力健康有序发展为主要目的的教育教学活动。

高校体育教学是高校教育的重要组成部分，更是高校体育工作的中心环节。高校体育教学是融合了思想品德教育、科学文化教育、心理健康教育、生活技能与体育技能教育多种类型教育于一体的教育过程，是推进实施素质教育、培养全面发展人才的重要途径。

高校体育教学的过程是以学生为主体、教师为主导的认知过程。在这一过程中，教师、学生、教学内容和教学手段四个要素是教学过程中必不可少的重要元素，构成了相互联系、相互影响的动态教学结构，任何一个要素的缺失都会影响最终的教学效果。

二、高校体育教学的性质

事物的性质是体现事物本身与其他事物根本区别的特征，性质不同的两种事物所体现出的表象与内在的含义肯定有所不同。体育教学与其他学科类教学最根本的区别就在于它本身所具有的教学性质。体育教学的教学性质也就是体育教学的本质，是一种针对运动知识和技术的教学。除此之外，体育教学最重要的教学内容也是体现体育教学性质的一个因素。[①]

当代体育教学最重要的教学内容就是对体育运动技能的教学，体育运动技能的传授也是体育学科与其他学科教学的主要区别之一。在体育教学中，教师要引导学生全面掌握体育运动技能，这往往要经过四个教学阶段，即认知阶段、联系阶段、练习阶段和掌握阶段。其中，在体育运动技能的掌握阶段，学生与体育运动技能的联系最为密切。因为在这一阶段，学生不仅对所学技能的要素、结构、力量、关系、速度等有了理论化的认识，还通过实践深化了这种认识，掌握了这项技能。从这一角度分析，体育运动技能是一种操作型的知识，体育运动技能教学是一种帮助学生提高身体素质、完成技术动作的有效方法。

---

① 张京杭.高校体育教学方法实践探索［M］.北京：现代出版社，2019.

第二节 高校体育教学的特点与功能

"特点"是一种事物所具有的区别于其他事物的独特之处；"功能"则是一种事物存在发挥的有利作用或效能，也可以理解为事物存在的意义。为了深化对高校体育教学的认知，这一节将分析高校体育教学的特点和功能。

一、高校体育教学的特点

从高校体育教学的性质角度分析，高校体育教学具有与其他学科教学相同的特点，这些特点也可称为共性特点。

（一）共性特点

第一，高校体育教学是教师与学生的双边活动。在高校体育教学的过程中，与其他学科教学一样都会发生教师与学生的双边活动，甚至发生的频率要高于其他学科，教师的指导必须要得到学生的回应。在教师与学生的双向交流过程中，教师的指导直接作用于全体学生，学生的回复、表现具有公开性，教师和其他学生都能看到，教师的教学行为与学生的学习行为共同组成课堂教学对立而统一的两个方面。

第二，班级授课制是体育课堂教学与其他学科教学采取的相同的授课模式。与一般的课程教学一样，体育课堂教学的班级的组成形式一般为自然班；但也不乏一些特殊情况，如在大学的体育选修课中，可能班级人员的组成不是自然班，而是同一年级但不同系别的学生，也有可能是来自不同年级的学生，这是由大学体育选修课程的特点所决定的，但教师依旧采取班级授课的形式。班级授课制的特点就是同一学期内课堂教学的班级学生组成较为固定，学生的人数一般不会改变，并且班级学生的年龄、生理基础、学习水平是相同或相似的。

体育教学的主要目的与其他学科相同，都是为了传授相应的知识或技能。但受应试教育的影响，部分学校缺乏对体育课的重视。实际上参加体育运动对于学生的身心发展、性格培养都有很重要的作用，特别对于儿童智力的开发具有特殊的意义，只是目前这些功能和价值还有待进一步开发利用。体育教学是传授"知识与技能"的特殊方式，所不同的是，体育教学发扬传承的是体育精神和体育文化。

（二）个性特点

结合高校体育教学的性质，与其他相关学科进行对比分析，可以发现高校体育教学的个性特点包括以下七个方面。

1. 教学目标的多元性

高校体育教学的目标既包括通过学习体育知识和运动技能来引导学生强身健体、掌握运动技巧，还包括引导学生控制调节个人情绪、锻炼意志力和提高心理承受能力。体育教学活动中的对抗、竞争、比赛教学也会以培养学生的交际能力、合作能力，促进学生间的人际交往，规范学生的运动行为为目标。此外，体育教学的目标受社会因素的影响比较大，在特殊的社会环境背景下，还会出现代偿性目标。综上所述，体育教学目标的多元化和多样性与其他学科相比，只会增多不会减少。

2. 传承自我认知的目的性

与其他各个学科教授的知识不同，体育运动知识是一种人类对自己身体认知的知识，是一种回归人类自身感觉、专注自身体验的知识，这种知识的重要性与其他学科知识相比同样是令人无法忽视的，但这种知识的重要性和应用还有待进一步挖掘。这种知识是在人类从对外部自然知识的探索追求转向对人体内部知识的研究这一过程中所形成的，是人类敢于面向自我的表现。在这个十分重视发挥学生"主体性"的时代，这种追求人类自我认知的使命感不仅代表了体育教学的特殊性，还给予了体育教学知识传承的特殊意义。未来这类知识一定会得到更多人的认可并被广泛应用于探索人类身体奥秘的科学研究中。

3. 教学活动的复杂性

体育教学活动的开展具有复杂性特点。为了提高教学水平、提升教学效率，体育教师不仅要用语言讲授相关理论知识和运动技巧，还要做动作示范，这就要求体育教师不仅要掌握科学的教学方法，还要掌握教学运动技能。体育老师不仅要进行智力教学，还要进行体力教学；不仅是知识技能的传授者，还是体育活动的组织者；不仅要组织整个班级的学生开展安全有序的活动训练，还要科学调控学生的运动负荷。因此，体育授课活动不像看上去那么简单，而是充满挑战性和复杂性的。

4. 教学条件的制约性

体育教学明显区别于其他学科教学的另一特点就是体育教学容易受到客观教学情况和外界各种条件的制约，如教学对象的情况制约、教学环境的制约。其中，学生的年龄、性别、生理特点、心理特点、体质特点等属于教学对象的情况制约；教学场地、天气情况、教学器材等属于教学环境方面的制约。这些制约条件都是影响体育教学效果和质量的重要因素。[①]

进一步分析体育教学对象的情况制约，可以看到，体育教师要开展全面的教学活动，除了不能忽视学生的运动基础之外，还必须根据学生的年龄、性别等实际情况具体分析适合学生的体育锻炼方式。这主要是考虑到男生和女生在身体形态、身体机能、身体素质及运动功能等方面具有十分明显的差异，所以需要在教材选择、教学设计、教学目标、教学活动组织方面因材施教。如果事前没有认真思考过这些差异就盲目地开展教学，不仅不能达到锻炼身体、增强体质的教学目标，还有可能适得其反，增加学生因运动不当导致的安全隐患。

从教学环境的制约条件分析，体育教学的课堂基本在室外（包括操场、学校空地等）。这一环境设置的优点在于教师能够在足够大的空间内组织教学活动，学生的视野更加开阔，活动起来也比较方便，没有约束感。但课堂设在室外的影响因素也会更多，这些影响因素一是会分散学生的注意力，

---

① 王云峰，王学成.教学改革视角下体育运动开展的理论与实践指导［M］.北京：中国商务出版社，2018.

如教学场地外经过的其他人或开展的其他活动可能会导致学生不能专心听讲、做动作；二是一些不可控的因素，如高温天气、寒冷天气、空气污染等，都会干扰正常的教学活动。与此同时，体育教学对场地、器材和设备等硬性的教学条件要求也比较高。基于以上分析，体育教师在制定课程计划、学年教学计划，以及选择教材内容、组织教学活动时，都要充分考虑到这些客观因素的影响和制约，降低各种因素对教学的干扰系数，提高教学质量。对于不能改变的因素，如高温天气、严寒天气，可以适当加以利用，培养学生适应环境的能力和坚强的意志力。

5. 教学过程的直观性和形象性

体育教学的各个教学阶段都呈现出直观性和形象性的特点（见图1-1）。[①]直观性和形象性是体育教师需要坚持的重要教学原则，具体分析如下。

图1-1　体育教学过程的直观性与形象性

首先，体育教师在讲解体育知识和技能的过程中，不仅要求其叙述的内容准确无误，还要求其叙述时的语言清晰明了、简洁生动、形象有趣，用简洁生动的语言把复杂的动作技能简单化、形象化，对所要传授的知识展开科学又具有艺术性的介绍，从而帮助学生正确地理解、掌握和感知学习内容。

---

① 马鹏涛.高校体育教学改革创新与科学化训练研究［M］.北京：新华出版社，2018.

其次，体育教师对教学内容的演示形式比较特殊，此处演示的教学内容多为教学动作或运动技巧。教师除了自己为学生进行直观、形象的示范之外，还可以通过优秀学生的示范动作、正误动作对比示范、教学模具、动作图示和人体模型等方式帮助学生从感官上正确感知动作，从而能够自己做出正确的动作。学生通过观察各种直观、形象的动作演示并结合自己的思考，不仅能够达到掌握运动知识和技能的目的，还间接发展了自己的观察能力和形象思维能力。

最后，体育教学过程中的组织和管理阶段也体现出了很强的直观性和形象性。由于体育教师的一举一动都是直观的、外显的、公开的，因此教师的言行举止能直接影响学生，为学生树立榜样，在无形之中促进了学生的身体和心灵的发展。作为对教师教学行为的反馈，学生的课堂表现也是最真实、最直接的。特别是在学习技能和开展技能训练的时候，学生的反应最为真实，这一信息正是体育教师需要重点观察的教学信息，是体育教师了解学生课堂掌握情况的最佳途径。体育教师通过对学生动作技巧的观察，能够迅速发现学生的问题所在，进而对症下药，帮助学生解决问题。

6. 教学内容的制约性、审美性、情感性

（1）教学内容的制约性。

教学内容的制约性是体育教学的内容在选择、编制时会受到一定的限制。因为体育教学的内容包括多种类型的知识内容，既有理论知识内容，还有运动技能、运动项目的练习内容；各部分内容在实际的教学课程中所占的比重都会受到教学任务、教学目标和教学时间的制约。此外，虽然有些运动项目内容之间的联系和逻辑性不强，但这部分内容也不能随心所欲地编排，不仅要在科学理论的指导下，充分判断内容的功能与价值，还要考虑学校的实际教学情况和学生自身的发展情况。

（2）教学内容的审美性。

体育教学内容的审美性体现在教学活动中对学生正确审美观的培养。其中正确审美观的教学内容包括人体美与精神美的审美培养。师生在教学过程中所展现的人体美主要是通过运动塑身形成的人体各部分的线条美、对称美和力量美，同时还包括人体在运动过程中所展现的运动美（速度、技巧、对抗等），显而易见这些都是外在的美。此外，正确审美观的教学内容还展现了在师生教学活动过程中的精神美，如通过不断地练习学会了某种运动技能体现了学生不怕失败、超越自我、勇于拼搏的精神；在比赛竞技的过程中秉持"友谊第一、比赛第二"的竞技态度，传递出礼貌、谦让的优秀品质和宽广的胸怀；在团队合作项目的训练中，除了要展现个人的运动天赋，还要考虑团队合作、协调等交际素养。

（3）教学内容的情感性。

体育教学内容的情感性则是教师在教学活动的实践过程中，通过科学严谨的概括和精简的提炼，将自己长期积累的需要学生掌握的知识和技能简洁高效地传授给学生，让学生用心感知、用心体验、用心实践，从而获得美的启迪和享受，达到净化心灵、陶冶情操、提高素质、促进身体和心灵健康发展的目的。除此之外，体育教学是一种创造性的社会活动，由教师和学生共同创造的教学情境给人以精神上的启迪和意境上的感悟，令人回味无穷、感触颇深。体育教学中的教师与学生群体之间由一条无形的通道连接，构成了教与学的完整系统。教师在传授知识和技能的过程中都伴随着师生之间丰富的情感交流。

7. 身心互动的统一性

在体育教学的过程中，教师需要运用教学内容中的理论知识来进行教学动作的示范，以此引导学生开展操作实践。学生在学习过程中需要关注操作与体验，尤其针对一些难度系数较大的动作技能，需要认真、耐心地操作与练习，否则就无法熟练运用。因此，在体育教学的过程中，教师和学生的身体动作、操练都比较频繁，只有这样才能达到掌握运动技能的教学目标，培养学生的运动思维，激发学生的运动活力。这与其他学科教学是截然不同的，其他学科的教学一般都在室内进行，在大部分时间里，教师要为学生营造一个比较安静的环境，让学生静下心来聆听、记忆与思考；

体育教学却恰恰相反，在管理有序的教学环境中，学生可以开展锻炼活动，可以得到愉快的活动体验，这些都是体育教学的宝贵之处。

体育是一种对人的身体进行自然改造的活动，参加体育活动不仅要做到形态结构与生理机能的统一，还要做到身心互动，达到身体与心理的统一。体育教学在传承体育运动精神与运动文化的同时，还要加强对学生身体的塑造与素质提升，并且锻炼学生的心理承受能力与社会适应能力。因为体育教学为学生营造的教学情境完全不同于智力教学，体育教学情境中那些外显的、生动的、直观的、情绪化的因素为学生的心理承受能力与社会适应能力的发展提供了良好的空间。因此，体育教学中的身心发展是一元的，这符合辩证唯物主义的观点。身体的存在是基础，心理的发展依赖于身体的发展，心理的发展同时又能促进身体的发展。体育教师在制定教学计划时也需要考虑到学生身心互动的统一性问题（见图1-2）。

教学组织和教学方法需要符合学生身心变化的规律

教学组织与教学方法需要符合学生的心理特点和年龄特点

体育教学计划的制订需要符合身心互动的统一性

教学大纲和体育教材需要符合学生身心互动的统一性特点

图1-2 体育教学计划的制订需要符合学生身心互动的统一性

首先，体育教师的教学组织与教学方法必须符合学生身心变化的规律，使学生在交替反复的动作训练与休息过程中达到锻炼身体的目的。当进行训练时，学生生理机能开始变化，生理机能水平逐渐上升；达到一定的水平之后，会持续一段时间，然后开始下降。在教学活动过程中，由于训练和休息的交叉替换，所以学生正常的生理机能变化呈现出规律的波浪式曲线。

其次，体育教师的教学组织与教学方法必须符合学生的心理特点和年龄特点，尤其是学生的心理活动。因为学生的心理活动变化（如意志、思维、情绪）也会呈现出高低起伏的曲线图像。这种心理负荷波浪式的曲线变化规律是体育教学节奏性的体现，也是体育活动过程中学生身心和谐发展的表现。因此，体育教师要根据学生的心理特点采用各种教学方法，组织各种教学活动。这样才能在有效促进学生身体素质进步的同时，提高学生的上课积极性、激发学生的兴趣爱好，从而更有效地发挥体育教学的功能。

最后，体育教师要注意学校提供的教学大纲和体育教材对学生身体素质、心理素质、运动能力等方面的目标要求，发挥教材对开展教学活动的积极作用，注重教材的选择对锻炼学生的心理能力及社会适应能力的影响，在制定教学方案时要符合体育学、社会学、心理学等方面的要求。

二、高校体育教学的功能

功能是事物在特定环境中所发挥的作用与能力，属于事物的客观属性，是客观存在的，不以人的意志为转移的；同时事物的功能是由这一事物的结构所决定的，这是其他事物不能随意取代的。相关调查研究结果显示，"结构决定功能"是科学分析高校体育教学功能的一个角度，并且高校体育教学的功能与高校体育教学的内部结构确实存在一定的逻辑关系。因此，要了解高校体育教学的功能，就要先认识高校体育教学的内部结构。高校体育教学的内部结构由学年、学期、单元、课时四部分组成，是一个相对完整的体系。由于该体育教学的结构是中性的，不带有任何主观色彩，因而体育教学的功能也是中性的，没有褒贬之意。

高校体育教学的功能根据主要的辐射对象可分为两类：一类是基于体育这一学科传播的知识、技能和文化而产生的功能，另一类是基于对教学对象身体、心理、意识和能力的影响而产生的功能。根据体育学科传播的知识、技能和文化特点，可以把高校体育教学的学科功能归纳为传授体育知识和运动技术功能、传承体育文化和构建校园文化功能；根据体育教学对教学对象的影响，可以把高校体育教学的功能总结为影响学生身体的功能、影响学生心理的功能、培养学生体育意识的功能和培养学生社交能力的功能。

（一）高校体育教学的学科功能

1. 传授体育知识和运动技术功能

从体育教学的教学内容与结构分析，体育教学过程中最小的构成单位是每一节体育课，而体育课的主要性质是以体育课程内容为中介的、参与者为教师和学生的双边活动。因此，体育教学主要想实现的是体育知识的传授和运动技术的传习，以及体育教师根据教学大纲要求将前人总结的各种体育知识和运动技术传授给学生。在知识传授的过程中，体育课与其他学科课程的明显差别是，学生必须进行身体的感知、实践与体验，这样才能真正掌握各种运动技术。

在实际的体育课程中，体育教师传授的各项具体运动技术较为复杂多样。它可以小到一个运动项目的某一单元，也可以小到一个单元教学中的某一动作环节。例如，球类项目中的篮球教学，可以是三步上篮，也可以是传球技术等，其他运动项目诸如此类。对于学生来说，只有从小的运动技术学起，才能积少成多；只有不断地学习与进步，才能逐步掌握所有技术。

2. 传承体育文化和构建校园文化功能

（1）传承体育文化的功能。

分析体育教学的系统构成后可以发现，把每一节体育课累加起来，就构成了单元教学项目；把各个项目的单元教学内容相加就能明白学期教学任务；在了解了两个学期的教学内容后就得到了学年教学的全部规划，以此类推，就构成了高校三年、四年甚至五年、六年的教学规划。再结合体育教学的微观内容加以分析，把体育课程中传授的各种小的运动技术融合起来，学生学到的就是某个运动项目的所有技术。综合以上两个角度的内容分析，通过不同课时、不同阶段的体育教学，学生可以学到系统、完整的体育知识和体育文化，掌握各项运动技能，体育教学因此实现了传承体育文化的重要功能。

（2）构建校园文化的功能。

在坚持以人为本、促进精神文明建设的校园规划理念的指导下，要充分发挥体育文化在促进高校精神文明建设方面的积极作用。因为在物质文明和精神文明迅速发展的今天，人们有更多的时间和精力关注和参与体育锻炼，这使得体育文化在全世界范围内都十分流行，尤其是体育运动向人们传递的更快、更高、更强的精神追求，是人们勇于突破自我、超越自我的表现，这种精神和文化是积极的、正能量的，也比较容易被当代大学生接受。在当前的校园体育文化建设中，高校可以通过开展各类体育文化活动、加强对体育社团的支持等方式营造校园体育文化的氛围，宣扬正能量的体育精神，让高校学生感受到体育文化的魅力。

（二）高校体育教学对教学对象的影响功能

1. 影响学生身体的功能

高校体育教学对教学对象的身体塑造和健康理念塑造具有深刻的影响。体育运动带给参与者最直观、最明显的改变就是身体素质和运动能力的改变，实践证明，相比较没有计划、随机散漫地参与体育运动来说，科学性、系统性、针对性和目的性强的高校体育教学活动在改善学生身体素质方面的效果更为显著，因为有专业的体育教师根据学生的运动基础和身体条件制定合理的运动目标，采用恰当的训练方法组织学生开展科学的、高效的体育锻炼。

高校体育教学影响学生身体功能的另一表现就是可以帮助学生形成正确的健康理念。拥有良好的身体素质和健康的体魄对在校学生来说十分重要，而拥有这两种财富的前提是拥有健康的生活理念。现实是，当前大学生大多存在饮食结构不均衡、作息不规律、参与体育锻炼不足等不健康的生活方式，如果任由这种情况发展，学生的身体健康就无法得到保证，甚至对今后的学习和工作都会产生不利影响。高校体育教学通过向学生传递正确的饮食习惯、作息习惯和锻炼习惯，使学生的身体素质得以提升，这也为其今后的工作与生活打好基础。

2. 影响学生心理的功能

高校体育教学具有影响学生心理的功能，高校体育教学对大学生心理健康的影响主要体现在以下四个方面。

（1）提高智力。

经常参与体育活动的人能通过锻炼提高自己的注意力、记忆力、思维能力和反应能力，经研究表明，这些非智力因素对提高人的智力功能有很大的促进作用。

（2）提升自信心。

高校体育教学通过帮助学生确立良好的自我概念从而提升学生的自信心。自我概念是一个人主观上对自己身体、思想和情感的整体评价，由于坚持体育锻炼可以使一个人的身体保持良好的状态，所以会使人对自己的状态和能力感到自信。有研究发现，个体的肌肉力量与情绪的稳定性、外向性格和自信心呈正相关关系，并且加强力量训练能使个体的自我概念显著增强。

（3）调整情绪。

情绪状态是衡量体育锻炼对个体心理健康影响的重要指标。我们生活在错综复杂的现代社会中，经常会因为各种问题产生紧张、忧愁、压力大等不良情绪反应。参加体育锻炼则能有效转移个体不愉快的情绪、压力和意识，使人尽快摆脱烦恼和痛苦。[①] 高校学生可能会因为繁重的学业、困难的考核、同学之间的竞争及对未来生活的担忧而产生压力和焦虑的心情，经常参加体育锻炼是帮助大学生保持头脑清晰和乐观态度、降低焦虑反应的有效途径。

---

① 陈轩昂. 新时期高校体育教学的改革与发展［M］. 北京：航空工业出版社，2019.

（4）培养正确心理。

高校体育教学在培养学生正确心理方面的作用主要体现在两个方面：个人心理和团队心理。从个人心理的角度来看，一方面，高校体育教学可以缓解学生因为学习压力而引发的紧张情绪；另一方面，现代体育中公平竞争的理念向学生传递了"爱拼才会赢"的奋斗精神。从团队心理的角度来看，团体类的体育运动教给了学生只有团结协作、平衡个人得失和集体利益关系才能取得更大成就的团队精神。

3. 培养学生体育意识的功能

教师在开展高校体育教学的过程中，除了要教授学生体育知识和运动技能，还要培养学生终身体育的健身意识，使学生在离开校园之后也能积极参与体育活动，坚持体育锻炼。因此，体育教学具有培养学生体育意识的功能。

4. 培养学生社交能力的功能

上文已经提到了"团队心理"的建设，从本质上说，高校体育教学塑造团队心理的功能也可称为体育教学影响学生社交能力的功能。高校体育教学活动与其他学科教学活动非常明显的差别之一就是学生之间的交往具有频繁性、公开性和特殊性。在体育活动中，学生肢体和言语的交流非常频繁，这种交流建立在各种体育竞赛的规则上，可以说，体育教学活动中的各个团体组成了一个"小社会"，这个小社会建立了学生之间需要遵循的各种规则。在这个小社会中，如果学生表现突出，就会收获尊重和表扬；如果违反了规则，其会受到相应的惩罚。负责执行这一规则的人就是教师。教师必须做到公正平等，这样才能为学生树立良好的体育规则典范，培养学生良好的体育道德，进而培养学生为人处世的原则理念。

第三节　高校体育教学管理的概念、基本原理、系统构成

高校体育教学是学校体育工作的中心环节，而体育教学管理是完成体

育教学任务的基本途径。体育教学管理的含义就是以体育管理的理论与方法为指导，参照体育教学的任务、目标、特点与规律，对体育教学的各个教学环节和教学过程进行管理。本节将介绍与高校体育教学管理相关的一些基本知识，包括高校体育教学管理的概念、高校体育教学管理的基本原理、高校体育教学管理系统的构成。

一、高校体育教学管理的概念

高校体育教学管理本质上是一项与教学息息相关的管理工作，开展高校体育教学管理工作的根本目的是为教学工作服务，高校体育教学管理的基本概念是：

高校体育教学管理是具有特定管理权力的组织和个人对体育教学开展过程中涉及的人员、财务、物品、时间和信息等方面进行管理的工作，这是一项具有综合性、系统性特点的管理工作，其具体的管理操作包括组织、控制、监督、协调、计划等。[①]

高校体育教学管理是一项系统性工作，其工作内容包括了校园体育事业的各个方面。高校体育教学管理又是一项综合性很强的活动，其各个子系统之间相互影响、相互制约，但它们有着共同的前进方向，那就是与体育教学管理的总目标保持着密切的联系，将实现体育教学管理的总体目标当作自己的任务。

高校体育教学管理的过程由四个阶段组成，按照进行的先后顺序排列分别是计划、实施、检查和总结。其中，计划是对高校体育工作的设计与规划；实施是执行原定的计划，这一过程需要学校各组织部门的人员、资源配合，也是高校体育教学管理过程的中心环节；检查是对学校的体育教学工作的具体执行情况进行监督和管理；总结是对特定阶段内校园体育工作的开展情况加以归纳和研究，它的作用在于分析和评价前三个阶段的工

---

① 刘锦.现代体育教学体系的建设与发展研究［M］.北京：中国书籍出版社，2018.

作成果和工作问题，并为下一个阶段的管理工作做准备。这四个阶段之间既相对独立，又相互影响、相互促进，按照基本固定的流程顺序，形成了一个封闭的、能够总结反馈的循环工作系统，即一个完整的高校体育教学管理周期。

二、高校体育教学管理的基本原理

（一）人本原理

1. 人本原理概述

人本原理的基本含义就是以人为本，无论做什么工作都要把人的感受和体验放在首位，突出人的主观能动性。[①]放在管理工作中，就是要充分发挥人在管理实践中的关键作用，通过调动人的积极性与能动性提高管理效益，实现管理目标。体育教育事业是一项致力于在最大程度上激发人的潜力和才能的事业，体育教育管理的工作目标就是实现体育教育事业。因而体育教育管理所遵循的原理与其他管理工作所遵循的原理是一致的，坚持人本原理是体育教学管理工作的重要内容。

2. 人本原理在高校体育教学管理中的应用

在高校体育教学管理工作开展的过程中要想保证科学管理，体现"以人为本"的管理原理，就必须遵循人本原理的实施原则，即能级原则、激励原则和动力原则。

（1）能级原则。

"能级"原本是现代量子物理学中的一个概念，能就是做功的量；后来现代管理工作借用了这一概念，用"能"指人的能力大小，"级"指管理体系和管理结构的设置要体现不同的层次和工作内容。在现代管理工作中，机构和人员都具有不同的功能和能力，按照功能和能力的大小可以把不同的机构、组织和人员分为不同的等级，高能级办理高能级对应的事项，低

---

① 刘锦．现代体育教学体系的建设与发展研究［M］．北京：中国书籍出版社，2018.

能级办理低能级对应的事项，这就是能级对应原则。贯彻落实能级对应原则，尤其需要注意人的能级对应。因为每个人的能力不同，能力大小也有差异，只有根据每个人的具体能力情况安排相应的能级工作，才能物尽其用、人尽其才。

（2）激励原则。

管理工作中的激励原则就是针对管理成员的各种行为展开科学的分析，然后根据分析结果选择恰当的方法激发其工作的动机，最大限度地调动成员的工作积极性。在现代管理工作中，激励方法的有效运用不仅能调动成员的工作积极性，还能提高管理者管理的效率。在高校体育教学的管理过程中，激励原则的运用主要分为两个步骤。

第一，对组织中成员的积极性进行了解和分析。积极性属于工作动机的内容，它是一种心理状态。要调动组织中成员的积极性，必须及时了解、分析其积极性产生的原因和表现，找到原因，这样才能达到激励的效果。组织中成员的积极性主要表现为其工作时的责任心、主动性、创造性等。

第二，要选择合适的激励手段并灵活运用，常见的激励手段如图 1-3 所示。

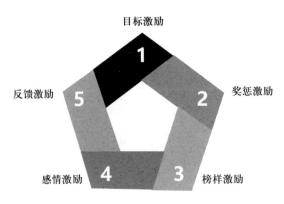

图 1-3　常见的激励手段

（3）动力原则。

管理工作中的动力原则是指在管理工作中，负责管理的人必须正确理解、掌握管理动力源，要明白动力不仅是管理的能源，而且具有制约作用。要通过制定和运行严格的管理动力机制，来保证管理活动持续、高效的开展，最终达到实现管理目标的目的。要贯彻动力原则，管理人员需要掌握三种动力，分别是物质动力、精神动力和信息动力，同时还要注意以下三个方面的内容。

第一，管理者在运用三种动力的过程中，要根据实际工作情况有所侧重，最终达到取长补短、相互配合的最佳效果。

第二，管理者在运用动力刺激推动管理活动时，一定要把握好分寸。

第三，要正确认识和处理个体动力与集体动力的关系，使个体动力在与管理目标方向基本一致的基础上得到充分的发挥。

（二）系统原理

1. 系统原理概述

系统原理是在系统理论的科学指导下，系统地分析管理对象，从而实现现代科学管理的优化目标。系统原理的重要理论基础是整体效应。整体效应的主要内容是整体功能相加之和大于各要素在孤立状态下的功能之和，并且系统的结构越复杂、规模越大，系统的功能就越多。掌握系统的基本特征有助于理解和掌握系统原理，系统的三个基本特征分别是整体性、层次性和目的性。

2. 系统原理在体育教学管理中的应用

在高校体育教学管理工作的开展过程中，管理者必须按照以下管理原则管理体育教学工作，以达到高效管理、服务教学的目的。

（1）"整＋分＋合"的原则。

"整＋分＋合"的原则可具体概括为"整体把握＋科学分解＋组织综合"的原则。遵循"整＋分＋合"的原则需要做到以下三点。

第一，树立整体观点，扩大整体效应。实现整体目标是开展管理工作的最终目的，但开展管理工作的重要前提是树立整体观点。

第二，管理者要明确需要分解的对象，然后进行正确分解，分解要围绕着管理目标进行。管理功能要求人、财、物等要素的统一，其中任何一个要素被分解，都会阻碍管理工作的正常运转，因此必须做好分解这一工作。

第三，管理者要重视分工与协作。分工不是目的，而是为了更好的合作。分工离不开强有力的组织管理和环节协调。分工和协作的相互配合是贯彻"整＋分＋合"原则的要求。

（2）优化组合原则。

要想尽快实现系统的目标，提高整体效应，就要使系统内的组合更加优化，这也是优化组合原则的要求，优化组合的对象和内容不止一种，此处主要介绍三种在管理工作中常见的优化组合内容，即目标的优化组合、组织的优化组合和人才的优化组合。

目标的优化组合要求管理部门要在广泛听取利益相关者意见的基础上制定科学严谨的总目标，然后根据优化组合原则，把总目标逐一分解到各个下属机构或个人，充分发挥各个部门机构或个人的工作优势。组织的优化组合需要考虑如何贯彻管理跨度原则，管理跨度是一位上级领导者能直接有效管理下属人数的限度，管理跨度影响着组织机构的划分和联系，管理者的知识、能力、素质及管理对象等因素影响着管理跨度的大小。人才的优化组合是发挥人才组合整体效应的有效方式，尤其在人才众多的集体组织中，既要根据不同层次人才合理搭配，也要使同类特长人才相互配合，这样才能充分发挥人才聚集的作用。

（三）责任原理

1. 责任原理概述

责任原理是为了实现组织管理目标、发挥组织成员的管理才能，在合理分工的基础上明确规定每个部门和个人应当完成的工作任务及应当为此承担的工作责任。

2. 责任原理在体育教学管理中的应用

在体育教学管理系统中充分发挥责任原理的指导作用，可以从以下四个角度切入。

（1）职责明确。

体育教学管理是一项系统工作，具有工作任务重、思路头绪多、工作内容复杂的特点。所以在开展工作前必须进行分工，以保证工作有序进行、责任到人。但是分工也只是对管理工作的范围进行了划分，不能体现出对具体工作数量、质量、完成时间、工作效益等方面的要求。这就需要职责明确，即在分工合理的基础上，对工作数量、质量、完成时间、工作效益等方面进行明确的规定。

（2）授权合理。

要使特定的工作人员做到对某项工作的完全负责，就需要领导统筹考虑权限、利益、能力等因素对工作人员的影响。一旦明确了管理工作的职责，就要授予员工相应的权力，包括物品使用权、人员支配权、财款支出权等，否则工作人员就难以完成分配给他的职责。要使工作人员对工作完全负责，仅委任权限是不够的，还要让其承担工作任务可能失败的风险。与此同时，在职位设计和权限委任的过程中，还要注意使每个人承担的职责不超出其能力范围，这样才能做到人尽其责、物尽其用。

（3）管理规范。

管理规范是保证体育教学管理工作顺利进行的必要条件。具体分析，就是要通过建立相应的机制体系来保证责任原理的有效应用。应当建立的工作机制包括责任机制、奖惩机制和成绩考核机制，并且在此基础上还要建立起一个环环相扣、相互配合的管理制度体系。

（4）奖惩分明。

学校的体育教学管理工作务必要做到奖惩分明。首先，建立起一个合理的奖惩机制；其次，一旦出现需要奖励或惩罚的行为，就要依据已规定好的制度奖优惩劣，以引导职工的行为向着良好的方向发展；最后，一定要保证奖惩行为的及时、公开与公正，否则奖惩本身的作用和意义便会丧失。

（四）效益原理

1. 效益原理概述

根据效益原理，在开展管理的各个环节、各项工作中，都要以提高社会经济效益为中心和重点，通过不断提高资源的利用率，使社会经济效益最大化。在管理工作中，经济效益是体现管理效益的直接形态。

现代管理学的理论研究表明，对于现代管理工作系统来说，其系统运营的根本目的就是创造最佳的社会经济效益，而效益原理的核心内容在于任何管理都要以获取效益为目标，因此这一原理适用于高校体育教学管理。

2. 效益原理在体育教学管理中的应用

效益原理在体育教学管理中的应用主要体现在以下两个方面。

（1）追求效益。

在开展高校体育教学管理工作的过程中，追求管理效益应特别注意以下四个方面的内容：一是培养管理工作效益观念，树立以提高效益为核心的效益观；二是在追求管理效益的过程中，应注意不要追求短期的效益，而要追求长期稳定的效益；三是追求的局部效益不与全局效益冲突，应该以全局效益为主；四是管理效益的影响因素众多，因此必须端正管理思想，全方位考虑各级影响因素。

（2）评价效益。

管理效益的评价标准不是绝对的，制定评价标准可以从不同的角度，针对不同的主体进行。事实上，采用不同的评价标准和方法得出的结论也会出现不同、甚至完全相反的情况；评价的结果会影响管理团队对效益的追求，因此对效益的评价应该客观公正。

对效益的评价一般分为三种方式，即首长评价、专家评价和群众评价，这三种评价方式各有其优缺点。其中，首长评价的权威性最高，对所开展工作的全局性把控比较到位，但不够细致和具体；专家评价会更注重细节，其技术性、科学性较强，但可能只注重直接效益而忽视了间接效益；群众评价最真实和公正，能直接反映工作的效果，但需要花费较多的时间和精力来获取评价结果。

三、高校体育教学管理系统的构成

高校作为一个复杂的教学系统和管理系统，其各项工作的开展需要各个部门之间进行相互配合，这些部门的协同合作组成了一个规模庞大、高效运转的教学和管理系统。其中，高校的体育管理系统就包括了体育教学部门、院系体育运动分会、学校体育运动委员会、校学生会体育部、院系学生会体育部等。此处重点介绍一下体育教学部、学校体育运动委员会、院系体育运动分会的系统构成。[①]

（一）体育教学部

1. 体育教学部的领导构成

一个部门的领导构成一般是通过不断的实践而最终确定的，也有根据特殊政策要求安排的。各院校可以根据自身不同的发展需求和发展情况组织自己的领导班子。目前，大多数院校体育教学部的领导班子为 1 名主任、1 名党支部书记，以及根据具体情况配备 1~2 名副主任。

领导班子施行主任负责制，第一责任人就是教学部的主任。体育教学部的领导班子的人员配备应注意合理搭配，只有这样才能最大限度地发挥领导团体引导和监督的职能，提高整个部门的教学效率。具体分析，体育教学部领导班子的人员配备应具有以下六个方面的特征。

（1）年龄。

老中青搭配，使领导班子既有丰富的教学、领导经验，重视和保持以往的优良传统，又有新的思想、新的理念，充满时代的气息和青春的活力。

（2）性别。

根据体育教学部的工作特点和工作需要，结合体育师资队伍的发展现

---

① 董大志，周余，陈维富.现代体育教学管理探索与课程实务研究［M］.北京：中国书籍出版社，2016.

状进行性别搭配。

（3）知识结构。

领导部门的成员毕业于不同的院校，学历、学位水平有所差别，这样领导团体就具备了多元化的知识结构和多样化的学习经历，为应对复杂的、具有挑战性的工作打下了良好的基础，也能有效杜绝"小团体"行为。

（4）擅长的体育项目。

领导部门的成员主攻不同的体育项目，拥有不同项目的教学和比赛经验，这样有利于全面发展学校的各类体育项目，也有助于从不同的角度思考问题，达到集思广益、考虑周全的效果。

（5）工作配合。

工作的主要负责人德高望重、知识渊博、经验丰富，具有较强的政策解读能力和不畏困难的改革魄力，部门其他成员坚守自己的岗位，做好自己的工作，做到党政同心，共同做好教学管理工作。

（6）成员素质。

领导部门的各个成员能够认真学习上级下发的各类文件，掌握文件精神和政策核心，进而坚定不移地执行上级指示、制订相关计划；能够及时跟进现行的体育教学管理信息，调整改革思路，完善工作流程和工作方法；能够保持终身学习的习惯，紧跟时代脚步，掌握最新的教学管理知识和技术，提升管理指导的能力；不怕困难，勇于承担责任；办事灵活，不拘泥于旧的观念和方法；擅长与各种类型的人相处，勇于同自己观念不合的人打交道。

2. 体育教学部的内设机构

（1）下设办公室。

体育教师数量较少的学校一般会下设体育教学办公室，成员组成为主任一名、副主任多名，各自负责一部分教学管理工作，日常事务由办公室负责。

（2）下设教研室。

专门的体育学校或者体育教师数量较多的学校一般会下设与体育教学

相关的教研室，如课堂教学教研室、训练竞赛教研室、群体活动教研室；还可以按项目、年级进行分组，如田径运动教研室、球类运动教研室、一年级教研室、二年级教研室等。设置教研室的作用就是根据教师负责的体育项目和教学工作划归相应的教研室，这样针对性强，便于开展教学讨论和研究。

3. 体育教学部的师资结构

体育教师是体育教学部的骨干力量和重要成员，他们不仅要负责教学工作，还要承担带队比赛、组织体育活动等任务。由于体育教学部对体育教师的要求是一专多能、业务全面、能够满足学校各项体育工作的需要，所以体育教学部的师资结构一般具有互补性强、实用性强的特点，其主要考虑的因素有年龄、性别、知识、项目、职称等。

（1）年龄。

体育教学部的教师最好由不同年龄段的教师组成，这样年轻的教师可以向年长的教师学习教学经验，年长的教师也可以向年轻的教师学习新的知识和技术。

（2）性别。

教师团队的性别比应与学生群体的性别比保持基本一致。

（3）知识。

教师从不同的院校毕业，其学位和学历不同，知识结构也能互相补充。

（4）项目。

教师队伍中要有田径、球类、体操、体育舞蹈、游泳、跆拳道、武术等多个体育项目的专业教师。

（5）职称。

合理的师资队伍应该由多种职称的人才组成，包括助教、讲师、副教授、教授等，这样的搭配才更加合理。

（二）学校体育运动委员会

学校体育运动委员会负责主持全校的体育工作，学校体育运动委员会的成员包括体育教学部、院系运动分会、学生工作处这三个部门主管学生工作的负责人。学校体育运动委员会在各院系下设体育运动分会，分会领导由专人负责，主要职责在于开展本院系的体育活动和体育管理工作。

学校体育运动委员会的具体工作包括：定期召开全校体育工作会议，制定每一学年的体育教学计划，研究体育教学和体育管理工作，对上述工作的开展进行监督、检查。在管理权限上，学校体育运动委员会安排体育教学部落实全校的各项体育工作，并且要求各院系的体育运动分会积极开展本院系的体育活动。在上述体育活动的落实过程中，学生工作处连同下属学生会体育部要积极配合、加以辅助。

（三）院系体育运动分会

作为学校体育运动委员会的下属管理机构，院系体育运动分会直接受学校体育运动委员会的领导和管理，它的作用在于充分发挥院系学生会体育部的作用，并且鼓励学生积极参与体育活动，加强身体锻炼。

院系体育运动分会的主要工作内容是在对本院系的基本教学和学生情况进行分析的基础上，开展体育教学和体育管理工作。同时还要及时完成学校制订的体育工作总计划，真正做到年初有计划、年中有项目、年末有总结；在细化工作时从多方面考虑执行措施和可能出现的问题及解决问题的方案，提高应对紧急事件和风险事件的能力。

院系体育运动分会可以在本院相同专业不同班级之间、不同专业之间甚至跨院系之间开展体育竞技、体育锻炼活动，也可以开展全校的体育活动。

第二章 高校体育教学的理论指导

第一节 高校体育教学理论

每一个新学科的诞生都得益于人们对该学科领域知识的增长和研究方法的创新。在体育学科诞生之后，体育学界的专家学者开始对体育教学的理论进行更深层次的研究。中国高校体育教学理论是在借鉴国外体育教学理论的基础上结合国内体育教学的发展需要形成的，因此本章先介绍国外体育教学理论和中国体育教学理论的基本发展情况。

一、国外体育教学理论的发展情况

经济的发展和科技的进步对人才的培养提出了更高的要求，更快、更高、更强的体育精神体现了人们新时代的追求，对于学生来说，他们希望打破原来"文弱书生"的形象，在学习知识的同时注意身体的保养与锻炼。基于以上需求与现状，人们对体育产生了浓厚的兴趣，有关体育教学理论的研究十分活跃，从研究内容到研究方法都在不断创新，尤其在国外，有关体育教学的理论研究已经取得了不俗的成绩。

国外教学理论发展的社会背景是资产阶级革命和工业革命的产生引起的欧洲社会性质的转变，即封建社会向资本主义社会过渡。17世纪30年代，捷克著名的教育家夸美纽斯出版了教育论史上具有时代标志意义的著作《大教学论》，它是西方近代教育史上第一部体系完整的教学理论著作。《大教学论》提出："身体是灵魂的住所，一旦住所坏了，灵魂便立刻离开了这个世界。身体患病了，精神也会患病，所以，身体要免于疾病和死亡，就得尽量注意身体，以便健全的精神寓于健全的身体。"基于此观点，夸美纽斯又提出了身体养生的一些基本原则，即人体要进行有规律有节制的生活，其中饮食要适量，要保证充足的睡眠和休息，同时适时开展体育锻炼。①

法国著名启蒙思想家、教育家卢梭也承认教授身体锻炼应是教育不可或缺的一项重要内容。卢梭在 1762 年出版的《爱弥尔》中首次提出了西方教学思想中的个人主义价值取向，这与西方国家至今信奉的个人主义思想是一致的。卢梭在此书中主张教育应是使人的本性回归自然的一项活动，教师应根据人体在不同阶段发展的客观规律开展教育，应按照人的兴趣爱好组织教育活动，从而使人的身心得到自由、健康、充分的发展。他认为可以利用自然条件锻炼人的身体和感官，并且在此过程中培养人的意志，最终达到使学生掌握各项生活技能、适应各种生活变化的目的。卢梭之所以强调锻炼身体的重要性，是因为他认为强健的体魄首先是培养自由、独立人格不可或缺的因素，其次是身体陶冶精神的基础，身体强健了，精神也会更加健康。

瑞士著名的民主教育理论家和教育实践活动家约翰·亨利希·裴斯泰洛齐总结并发展了之前学者的教育教学论思想，提出了新的教育目标。约翰·亨利希·裴斯泰洛齐认为教育的最终目标是要造就具有独立自主能力的人，同时他主张要根据自然的法则去开发这种人类本性的力量。他提出："有人主张单独教授单项技术，也有人同时充任舞蹈、击剑和骑术的教师。可见，就连体操专家也在教授单一的技术动作，而不改善人的整个身体发展状况。由于这个原因，这些活动不能是真正的体育，而只是舞蹈、击剑或骑术的传授。"基于此观点，他认为体育教育应通过多样化的手段达到使青少年身体全面发展的目的。

---

① 董翠香.学校体育学［M］.杭州：浙江大学出版社，2013.

德国教育家古茨穆茨有着从事教育行业的丰富经验，他为体育教育事业的发展做出了突出贡献。原本体育在德国的教育系统中并不受重视，当时的德国人只把体育锻炼当作促进人体健康的一种方式，人们只是从养生的角度进行饮食调节，通过呼吸新鲜空气、沐浴日光、散步和旅行等方法促进身体的健康发展，体育在人体发展上的教育作用被忽视了。古茨穆茨在18世纪后期提出了体育教学新的思想体系，即体育不应该只是以保养为目标，参加体育运动更重要的目的在于增强体质、提高运动技能和培养优良的品质，这个体系包括了我们经常说的体育课教学的三项教学任务（增强学生体质，学习和掌握基本知识、基本技术、基本技能，进行思想品德教育）。

除了提出体育教学新的思想体系，古茨穆茨还针对体育教育提出了一系列运动教学的内容和方法。例如，他在著作《青年体操》中系统地阐释了体操练习的理论与方法，论述了身体训练与体操锻炼的意义、目的和效果等，并且尝试将体育教学的理论与体育教学过程中出现的实际问题和解剖学、生理学的理论结合在一起，争取把体操列入学校教育的课程之中。

继承和发扬古茨穆斯运动教育思想的人是施皮斯，他本人受过良好的高等教育，是获得社会承认的体育教师，被称作"德意志学校体育之父"。他的主要贡献在于学校体育教育方面，通过总结归纳多年的中小学体育教学经验，施皮斯创作了一整套体育教学方面的著作，即《体育论》。《体育论》不仅是理论著作，更是专业的体育教学指南。《体育论》共分为四卷，一卷为《徒手体操》，二卷为《引体向上运动体操》，三卷为《支撑运动体操》，四卷为《集体运动体操》。施皮斯体育理论与实践的核心就是身体运动的"要素化"和"铸型化"。通俗来讲，就是身体动作的规格化和系统化。施皮斯还根据年龄、性别、运动能力的差异为学生选择和安排适当的体育运动。施皮斯创建的体育体制在西方国家被应用了百年之久，时至今日，世界各地的体育教学仍受到施皮斯体育理论的影响。

到了19世纪初期，丹麦政府就规定在中等学校设置体操学科，这一规定对世界各国的体育教育发展产生了重大影响，对体育教学理论的发展也起到了促进作用。19世纪中期，伴随着经济的发展和科技水平的提高，社会学、心理学、生理学等学科逐渐兴起，通过参考和借鉴这些学科新的研究方法和研究成果，体育学家们促使体育教学理论的研究和体系发展进入了新的阶段。

第一，随着生理学理论的发展，人们应加强对身体的检查，继续探索运动练习的方法。

第二，体育是早期帮助实现人体协调发展的重要手段，而只有协调发展的人才能在最短的时间内完成最高的生产任务。

第三，协调发展的前提和基础是人的体力和智力的统一，协调发展受人的意识主导，通过个体的努力而实现。

第四，体育教学的实质是传授在历史发展过程中积累的体育教学素材和教学经验。

第五，体育教育的开展和体育锻炼的进行建立在完善体育教学制度的基础上。

第六，体育教育中的教学素材不是体育运动发展过程中的所有技能技术，而是适合在学龄阶段掌握的运动形式和适合学生锻炼的项目，如图2-1所示。

第七，体育教育的开展要符合一般的教育教学规律，同时在教学过程中注意遵循循序渐进、因材施教、坚持不懈的教学原则。

进入20世纪之后，世界范围内的生产力迅速发展，从而促进了科学技术和文化教育产业的发展进步，科技与文化教育产业的发展又动摇了传统的教育方式和理念，促使教育家对新的教育教学理论展开了研究。与此同时，欧美国家率先开展了教育教学变革。为改变传统的教育教学模式，欧美部分国家创办了新型的教育学校，学校内重视知识的传授和体育技能的训练。最早提出体育教学法的是来自瑞典的体育教师斯卡斯特罗姆，他的代表作是《体育教学法》；1927年，美国的威廉姆斯博士出版了《体育原理》，这本书的主要观点参考了美国教育家杜威的实用主义教育哲学中"自然体育"的思想，是当时体育教学理论的代表作之一。"自然体育"的主要观点是体育就是生活，体育就是教育，体育教育的开展必须适应人的心理特征和生理特征，体育教育的开展应当丰富学生的学习生活和日常生活。

图 2-1　适合学生参与的运动项目

在"自然体育"思想的指导下，奥地利教育家高尔霍费尔和他的助手施特莱尔设计了符合学生发展的体育实践形式。他们认为开展体育活动时一定要考虑参与者的生理特征、性别特征及锻炼的强度，要进行自然的符合身体成长规律的运动；同时还要注意参与者对体育运动在心理上的适应度和审美方面的要求。高尔霍费尔的主要作品包括《自然体育》《少年体育》《奥地利学校体育概要》等，他创造性地将身体锻炼、卫生教育、娱乐活动融入到了体育教育教学活动中，建立了当时最完善的身体教育体系。

20 世纪 40 年代，马克思主义理论教育教学论诞生，影响了当时教学论的发展。教育学家凯洛夫在学习借鉴马克思主义哲学的基础上，以培养全面发展的人为目的，对教学的基本理论进行了详细而全面的阐述。其中，凯洛夫关于教学原则、教学指导思想、教学过程的分析对体育教学体系的创建产生了很大的影响。

二、中国体育教学理论的发展情况

（一）中国古代的体育教学理论

在春秋战国时期，著名的教育学家孔子提出了教学过程理论，这对中国古代传统教育理论的开始。他提出的教育思想也影响和指导着中国古代体育教学的开展。在孔子的教育理论体系中，学生学习的过程应该是学习与练习、学习与实践相结合的过程。《论语》的第一句话，"子曰：'学而时习之，不亦说乎？有朋自远方来，不亦乐乎？人不知而不愠，不亦君子乎？'"上半句话便从学习方法的角度出发，阐述了要想学有所成，就必须经常练习。学而时习，才能对学习的内容熟练掌握；经常思考学过的知识，才能从中体会到学习的乐趣。教师针对学生学习过程的这一特点，应因材施教、循循善诱，根据学生的身体特点和运动特点开展体育教学。孔子所推崇的"六艺"，即礼、乐、射、御、书、数也体现了对发展人的身体才能的重视，为中国古代的体育教学打下了理论基础。

（二）中国近代的体育教学理论

1840 年鸦片战争以后，中国由封建社会开始沦为半殖民地半封建社会，社会性质发生了改变，中国的教育也受到了冲击，发生了变化。在体育教学的思想领域，各种教学思想相互融合、互相影响，展现出新的生命力和新的特征。

1. 资产阶级改良派的体育教学思想

（1）康有为的体育教学思想。

康有为作为近代中国资产阶级改良主义的教育家，他的体育教学思想体现在他的著作《大同书》之中，针对体育教育，康有为提出了两点主张：

第一，各学校都要着重为学生的学习锻炼提供干净卫生的环境，各学校都应开展近代体育教育并为此付出努力、创造条件。

第二，要特别重视儿童和青少年的体育教育。儿童时期的身体强弱关系到其一生的健康，所以在儿童阶段，学校和家长应把体育教育置于首位，应时刻关注儿童的身体成长。在开展儿童体育教育的过程中，教师对儿童应有约束力，应为儿童设置开展活动的规则。[①]

（2）梁启超的体育教学思想。

梁启超在接受了西方的学术思想和教育思想之后提出：德育、智育和体育，都是教育过程中不能缺少的内容。这体现了他对体育教育的重视。与此同时，梁启超十分推崇古希腊时期斯巴达人的体育教育方式。梁启超在他的著作《论教育当定宗旨》中写道："在使斯巴达为全希腊最强之国，故先使全国人为军国民"。

（3）严复的体育教学思想。

这一时期，严复作为近代资产阶级的启蒙思想家将西方文明和西方先进的思想系统地传入中国，其中就包括西方体育教育理论。作为启蒙思想家，严复还在1895年所写的《原强》中依据进化论，表示十分赞成通过运动达到强身健体的目的，并且其多次强调智力教育、品德教育和力量教育都是使国家变得强大的教育内容。

2. 新文化运动时期的体育教育思想

20世纪初，中国兴起了提倡民主和科学的新文化运动。新文化运动中一些进步的体育思想理论对中国的体育教育改革产生了深远的影响。

（1）蔡元培的体育教学思想。

1912年，蔡元培发表了《对于教育方针之意见》一文，提出了学校应实行五种教育的看法，这五种教育分别是军国民教育、实利主义教育、公民道德教育、世界观教育、美感教育。1920年，在《普通教育和职业教育——在新加坡南洋华侨中学等校欢迎会的演说词》中，蔡元培又强调了"四育"的重要性。"四育"即德育、智育、体育和美育，"四育"是培养健

---

① 吴海宽，刘笙.体育课程与教学论［M］.长春：东北师范大学出版社，2005.

全人格必不可少的因素，"四育"同等重要，一样也不能缺失，尤其是不能忽视发展体育教育。在强调体育重要性的同时，蔡元培还认真分析了体育健身和运动竞赛两者之间的关系。蔡元培的体育教育思想把体育作为全面教育的重要内容，并且根据中国当时的社会状况尝试通过体育教育提高国民素质、挽救社会危机。

（2）毛泽东的体育教育理念。

1917年4月，毛泽东以"二十八画生"的笔名发表了《体育之研究》，阐述了自己的体育教育理念。《体育之研究》针对当时国民的体质状况和体育发展现状，运用近代科学理论知识，就体育的各项基本问题展开了分析和研究。文章特别强调：基于当时中国外忧内患的发展现状，人们参加体育锻炼的目的已不仅是为了保养身体，更是为了保家卫国，体育的效用在于"强筋骨、增知识、调感情、强意志"。该文章还阐释了体育和智育、体育和德育的辩证关系，提出"德智皆寄于体，无体是无德智也"的论点，对于儿童，家长应该特别注意他们的身体发育情况，学校应该对智育、德育和体育同等重视。同时，毛泽东还以古今中外的人物事件作为例证，较为科学地介绍了体育运动的原则、方法和注意事项，论述了身体与精神、锻炼与养护、体育锻炼的不利条件和主观努力之间的辩证关系。总而言之，《体育之研究》发展和丰富了我国的体育教育理论。

（三）中国当代的体育教学理论

1. 引进学习阶段

中华人民共和国成立之初，党和政府就十分关注青少年的成长和健康，考虑到当时国内外的社会政治形势，我国选择借鉴苏联的治理模式，引进和学习了苏联的体育教学理论，相关教育部门通过组织专业人员翻译大量当时苏联通行的体育教育理论教科书和专著、邀请苏联的专家学者来中国举办讲座等方式，使苏联的体育教学理论迅速在我国传播和推广。苏联的体育教学理论影响了我国体育教学理论的形成与发展，其主要内容特点包括以下三个方面。

第一，体育学科体系的基础理论是凯洛夫教育学理论，其整个教育教学理论具有较为完整的结构体系。这个结构体系的主要内容包括体育教学的理论依据、教学原则、教学方法、教学内容等。与此同时，凯洛夫教育学理论的教育思想来源于主智主义教育流派，其核心思想是明确教学的目的在于传授专业知识、培养道德品质，强调开展教学活动应该以教师、教材和课堂三个要素为中心。也就是说学校和教师要重视课堂教学、教学大纲、教学计划和专业教材的作用。

第二，特别注意发挥体育教学的社会教育作用，通过开展体育活动对学生的思想品德进行教育。苏联的体育教学理论明确表示体育教育是共产主义教育的手段，在体育教学的过程中应加强对爱国主义、集体主义、劳动态度、自觉纪律的教育，并且全程注重政治思想教育。

第三，突出教师在体育教学过程中的主导地位，通过锻炼身体全面发展学生的体能。在体育教学中，教师应是教学活动的主导者，教师在开展教学活动之前要做好教学计划，在教学活动的进行过程中要注意培养学生的组织性和纪律性，在传授体育知识和运动技能的同时，发展学生的运动天赋，提高学生的运动素质。

总而言之，这一时期对苏联体育教学理论的学习与借鉴在一定程度上发展了我国的体育教学理论，使我国的体育教学事业取得了一定的成绩。但是这种发展模式也存在两个较为明显的不足之处：一是一味地借鉴与复制，并没有充分考虑到我国的国情和实际需求；二是过度强调教育的阶段性，全盘否定西方国家的体育教学理论，导致我国的体育教学理论与实践发展较为单一、不够全面。

2. 独立探索阶段

20 世纪 50 年代，由于当时"理论脱离实际、教学脱离生产劳动"的教学理论受到否定，导致大量的学校开始组织教师和学生参加劳动并以此代替体育教学，忽视了课堂教学与教师的主导作用，违背了体育教学的正确规律，影响了正常的教学秩序，破坏了教学过程的科学性和系统性。20 世纪 50 年代末，体育教学理论进行了新的变革，人们重新审视了在体育教学中掌握知识技术与增强体质的辩证关系，强调对学生体质的培养，重新编写了体育教材，增加了教学内容。同时指出各地区、各学校要根据自身的条件和情况开展体育教学，要更加灵活地选择教学内容、制定教学计划。

3. 改革开放后的发展新阶段

在 1978 年召开的全国体育工作会议上，明确提出了要把发展青少年体育，增强人民体质，培养德、智、体全面发展的人才作为一项重要的战略举措来实施。党的十一届三中全会之后，我国的体育教学理论研究也紧追时代潮流，出现了百家争鸣的良好态势。

当今，我国的体育教学理论经过恢复重建、开放引进和不断创新逐渐走上了繁荣发展的道路。其主要表现在以下四个方面。

第一，之前的艰难探索和发展实践阶段为体育教学理论的发展留下了丰富的经验和启示，目前体育教学理论正向着自觉发展和理性发展的方向不断前进。

第二，体育教学理论经过长期的探索与改革，积累了宝贵的经验和教训，已逐渐形成具有中国特色的现代化教学理论，为进一步深化教学改革打下了坚实的基础。

第三，体育教学理论研究有了一个比较理想的学术研究环境，这也是国家、民族和社会发展进步的结果，一切有利的客观环境、条件必将促使体育教学理论向着更加科学化的方向发展。

第四，体育教学理论的继续发展还面临着许多疑问和挑战，只有进一步解放思想、开阔思路、参与交流学习，才能开创体育教学理论研究的新局面。

4. 未来的发展趋势

进入 21 世纪，全球经济一体化和文化多元化的进程不断加快，世界各国、各地区都高度重视发展经济、科技，提高国家的文化软实力和综合实力。实现这一目标的根本在于提高人才的竞争力，发挥人才在国际竞争中的优势。为了适应国家发展对人才培养的需要，我们应在全面回顾以往体育教学理论发展道路、研究方法和实践的前提下，努力探寻未来体育教学的发展轨迹，把握未来体育教学理论的发展趋势。我国体育教学理论的发展趋势可以归纳为以下五个方面。

（1）教学思想科学化。

（2）教学模式多样化。

（3）教学手段现代化。

（4）教学方法整体优化。

（5）教学评价标准化。

第二节　高校体育教学思想

只有思想转变和创新才能带来事物的发展和变化。高校体育教学思想观念的改革和创新能在很大程度上带动体育教学事业的发展，尤其是使其向着科学化、现代化和先进化的方向发展。近现代国内外体育教育发展调查研究的结果显示，体育教学获得良好发展的前提条件和必要条件就是要有科学的、符合现代社会需求的体育教学思想。

一、近现代主要体育教育思想

（一）自然主义教育思想

自然主义体育教育思想诞生于欧洲文艺复兴时期，这一教育思想的基本原则在于体育教育应该以"自然教育"为中心，根据自然发展原则，利用自然的方法手段对儿童进行合理的、自然的体育教育。在教学内容的选择上，要充分考虑儿童的兴趣爱好。与此同时，在组织训练的方法上，首先要使儿童身处自然的环境之中，并且充分利用自然条件开展教学活动，只有这样才能使儿童成长为全面发展、能够适应各种环境的人才。这一教育思想在西方国家被广泛采纳，流行了很长时间，其影响力可想而知。自然主义体育教育思想能存在这么长时间，影响如此深远，是因为该思想观念具有以下显著优点。

第一，自然主义体育教育思想肯定了体育锻炼在人体成长过程中发挥的作用和重要意义，并且制定了配套的体育锻炼方法，在一定程度上促进了人体的良好发展。

第二，自然主义体育教育思想发挥了兴趣和爱好在体育教育中的引导作用，这一做法在当时是十分先进的，即使该思想放到现代教育理念和教学方法中也同样适用。

自然主义体育教育思想也有两个不足之处。

第一，自然主义体育教育思想的理论基础是"本能论"，认为人的兴趣和需要都源于人体的本能，这一观点并不完全正确。

第二，把体育混同为文化教育，突出了体育教育传授体育知识的功能，却忽视了体育教育增强体质、促进健康的本质功能和教学目的。这种不正确的认知导致教师在教学过程中对学生的教授和管理出现"放任自流"的情况，进而导致人们不能正确理解体育的科学性与教育性，不能正确地认识体育的本质。

（二）体质教育思想

体质教育思想就是认为体育教育的根本目标就是增强体质、锻炼体能、强身健体，使学生在保持身体健康的同时，身体的形态、机能和基础的运动能力也能得到发展。体育教育真正的意义就在于增强和改善人的体质，这也是体育不同于智育、德育和美育之处。体质教育思想的主要观点充分体现了体育教育的特殊功能——锻炼身体、增强体质，这对促进学生的成长、提高学生的身体健康水平起到了非常重要的作用。但体质教育思想也有非常明显的缺陷，那就是教学目标太过单一、教学模式较为刻板，虽然强调了体育教育的生物属性，但忽略了体育教育作为教育本身的教育性和教养性，忽视了对学生道德品质的培养，因而不够全面。

（三）折中主义教育思想

折中主义体育教育思想的基本观点：学校和教师在开展体育教学的过程中，一方面要坚持技术传授，另一方面也要坚持增强受教育者的体质。这种思想观念可以说是结合了自然主义教育思想和体质教育思想的主要观点。这一教育思想的优点在于克服了上述两种体育教育模式的不足之处并结合了它们的长处，缺点在于这在一定程度上混淆了体育教育的本质思想，受教育者在提高技术水平的同时还要增强体质、保持身体不受伤害，这是一件很有难度的事情。

二、高校创新体育教育思想

进入新时代，高校课程改革不断推进，高校体育教育思想也在不断地转变和创新，一些难以适应时代发展和教学需要的旧思想也逐渐被先进的、科学的教学思想所取代，高校创新体育教育思想促进了现代体育教育事业的高效发展。

（一）高校体育教育思想的转变

在现行高校体育教学工作标准的引导下，高校体育教育思想发生了很大的转变，这种转变主要表现在以下六个方面，如图 2-2 所示。

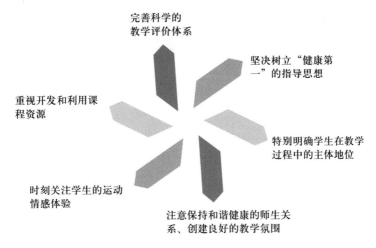

图 2-2　高校体育教育思想的转变

1. 坚决树立"健康第一"的指导思想

高校体育教育要树立"健康第一"的教育指导思想，进一步开展体育教育工作。"将受教育者的身体健康放在首位"，不仅是学校体育教育的指导思想，还是体育教学改革创新的指导思想。合理的体育教学思想是通过适当的身体锻炼和适量的运动负荷将学生培养为体能优秀、自尊自信、意志坚强且具备竞争能力、团队意识和社交能力的全面型人才，使学生更好地适应外界环境。现代化的、先进的体育教育思想要求教师要把受教育者的身体健康需求、心理依托需求与教育过程中的教学内容、教学模式和教学方法有机地结合起来，以达到较好的教学效果。

2. 特别明确学生在教学过程中的主体地位

体育教育思想的创新标准强调要以学生的发展为中心，强化学生主体地位。只有以学生为中心进行备课、授课，教学才能达到更好的效果，帮助学生更好的发展。高校创新体育教育思想明确学生为教学过程中的主体地位的具体要求有以下四点：

（1）善于发现和尊重学生的个体差异，因材施教，使每一名学生都能发挥自己的特长、学有所成。

（2）创新教学方式，引导学生通过自主学习、合作学习、探究学习的方式积极主动地学习体育专业知识和技能，参与体育锻炼。

（3）创新组织教学活动，激发学生学习体育知识和技能的热情，使学生在训练过程中获得愉悦的情感体验。

（4）加强对学生学习方法的指导，帮助学生学会学习，同时建立自我评价与相互评价的评价机制。

3. 注意保持和谐健康的师生关系、创建良好的教学氛围

新的体育教学思想注重通过创新教学方法和教学手段，营造出良好的教学氛围，帮助学生尽早进入体育学习和锻炼的状态。这些创新的教学方法和教学手段包括主题教学法、情境教学法、快乐教学法、师生互动教学法和开展体育游戏、合作讨论等。和谐健康的师生关系不仅是学生主动学

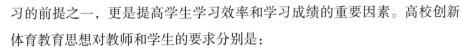

习的前提之一，更是提高学生学习效率和学习成绩的重要因素。高校创新体育教育思想对教师和学生的要求分别是：

（1）教师热爱教学工作，能以身作则，严格要求学生，同时做到民主公平，愿意听取学生给自己的教学意见。

（2）学生尊重教师，能自觉维持课堂纪律和教学秩序，在课堂讨论环节积极发言，勇于发表自己的看法，回答老师的问题。

在师生之间、学生之间形成良好的教学和学习氛围，从而进一步提升教学和学习质量，提高教学水平和学习效率。

4. 时刻关注学生的运动情感体验

在体育教学活动中，教师要时刻关注学生的运动情感体验。学生的运动情感体验十分重要，它能激发学生参与体育学习的兴趣，同时也是学生主动进行学习的重要条件。与此同时，学生的运动情感体验还有利于培养学生终身锻炼的意识，提高教学水平。高校创新体育教育思想根据学生的身体机能条件和心理特点来组织教学，从而满足学生的心理体验，提高学生的学习兴趣。

5. 重视开发和利用课程资源

由于高校体育教学工作的开展注重课程目标的主导作用，所以体育教师需要根据学生的身体特点和心理特点合理选择教学的内容与方法，这也是符合体育教学实际发展情况的做法。在高校创新体育教育思想的指导下，学校和体育教师可以开发一些具有趣味性和健身效果的教学内容，从而激发学生的学习兴趣，提高体育教学的效率和质量。

6. 完善科学的教学评价体系

在创新体育教学评价的过程中，多元学习评价成为了新体育课程改革的亮点。这种教学评价的特点是突出了学生的自我评价和相互评价。在评价的内容上，既包括对知识技能、训练参与度和学习态度的评价，也包括对合作精神和情意表现的评价。这些创新的评价内容体现了体育教育的人性化和现代化，有效提高了学生参与体育活动的积极性，促进了教学水平的提升。这一教学评价体系目前已取得不错的成绩，但在实际运用过程中也存在一些问题和不足之处，今后可以从这些问题入手，继续完善这一教学评价体系。

（1）学习目标制定。

当前体育教学评价体系中对学习目标的制定主要存在四个方面的问题：

第一，学习目标不够具体和明确，因此难以对教学效果进行检查和评价。

第二，学习目标的分类不够完善，没有体现因材施教、因人而异的原则。

第三，学习目标过多，脱离了实际的教学情况和学生水平，不利于最终的评价结果。

第四，学习目标的表述不够专业和规范，制定不合理。

（2）运动技能教学。

当前的评价体系忽视了教学过程中的运动技能教学，主要表现在四个方面：

第一，教材的技术含量较低，不能满足运动技能教学的需要。

第二，在教学过程中缺乏教师对学生的专业指导。

第三，学生学习和练习运动技能的时间不够。

第四，对运动技能教学质量的要求不够高。

（3）教学模式运用。

当前比较先进和科学的教学模式有自主学习模式、合作学习模式和探究学习模式，但在实际的教学过程中，教师对这些模式的运用、学生对这些模式的适应还不够；有的教师只关心外在的形式是否达到了标准，但对实际的效果却不够重视。

（4）课程资源开发利用。

在课程教学资源的开发利用上，没有对已有的资源进行充分利用，出现了一些浪费现象；对各种资源的整合利用不够重视。

（5）学习评价方面。

在学习效果的评价方面，有时教师喜欢使用激励性评价，如做得很好、很标准、动作很到位、表现非常好、很有潜力。这些话本来是为了鼓励学生，从而使其更积极地参与体育活动，但一些言过其实的话，也向学生传递了不真实的信息，导致学生对知识技能的掌握出现了问题。创新课程改革为体育教师充分发挥主观能动性和创造性提供了更大的空间，因此广大体育教师应该与时俱进，牢固树立终身学习的意识，根据新设定的标准，积极探索创新教学方法、教学手段和教学模式等，提高专业水平，提升教学质量。

（二）高校体育教育思想的创新

伴随着现代体育教育事业的不断发展，高校体育教育思想也在不断改革，尤其在高校体育课程教学改革的时代背景下，许多创新教育思想对我国的体育教育产生了深刻的影响，此处重点介绍一下终身体育教育思想对我国体育教育事业开展的影响。

1. 终身体育教育思想的概念解读

终身体育教育思想的概念指人的一生都需要坚持体育锻炼和接受体育教育。具体分析，就是一个人从出生开始一直到生命尽头，都要根据个人及环境发展的需要不断开展体育活动，参与身体锻炼，以获得生存和发展所需要的物质基础或必要条件。"终身体育"不仅包括人从生命开始到结束都要参与体育锻炼，使体育成为日常生活中不可缺少的组成部分，还包括用正确的体育观和方法论来引导人们在人生的不同阶段、不同条件下参加体育活动的具体实践。因此，终身体育本身是观念意识与行为活动的有机结合。此处的观念意识指的是体育意识，即参加体育锻炼的意识，这是终身体育的思想观念基础，也是影响终身体育思想形成的关键因素。让体育健身贯穿生命的整个过程这一思想观念逐渐被人们认可，并且慢慢确立了其在体育教育思想中的地位。

一般来说，终身体育思想的各个组成部分是根据人的成长轨迹和生活轨迹划分和组成的，它们相互影响、相互联系，共同指引着个人参加体育锻炼。理论上来讲，家庭、学校、社区都应组织体育活动，或为人们参加体育活动提供物质条件。终身体育贯穿人的整个生命周期，这种体育思想对社会来说就是希望全体国民都能坚持体育锻炼，个人终身体育和社会终身体育的结合统一是终身体育理论追求的最高目标和最终理想。终身体育思想的形成与传播是人类自身和社会发展的必然结果。学校和教师在开展体育活动的过程中向学生传授终身体育的意识和观念，对学生的健康成长及他们之后的工作、生活都有很大的益处。

2. 终身体育教育思想的主要意义

（1）促进学校体育教育的改革创新。

终身体育教育思想是终身教育思想的延伸，终身教育强调的是人的一生都需要不断的学习、接受教育、提升自我，终身体育教育思想可以说是终身教育思想的组成部分。与此同时，终身体育不只是片面地追求某一项运动技能的熟练程度或者在某一运动领域取得多么高的成就，而是引导个人学会分析自身参加体育锻炼和运动的综合实践能力；培养个人对体育的爱好、兴趣，养成按时锻炼的好习惯；引导个人掌握科学的、系统的体育理论知识和正确的锻炼方法及检查评定方法；提高学生组织体育活动的能力。

综上所述，终身体育教育思想能培养个人终身体育的意识、观念、能力和习惯，同时指导和促进学校体育教学的改革创新。

（2）满足现代化社会发展的需要。

终身体育教育思想指出，体育教育的一个重要目的就是增强锻炼者的体质、保持锻炼者的身体健康，这也是我国社会主义体育事业最本质的特点、最根本的追求。在现实生活中，社会劳动者由不同年龄段、不同体质的人组成，他们都面临着如何保持身体健康并承担工作任务的问题与挑战，因为健康的身体是参加工作的前提。企业要想提高员工的生产效率，社会要想提高整体的劳动生产率，除了要依靠现代科技外，还要依靠掌握科学

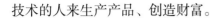

技术的人来生产产品、创造财富。

对于个体来说，要适应现代社会发展的需要，尤其要适应快节奏的城市工作与生活，就要保持自己的身体处于最佳状态，这一切都离不开体育锻炼。个体在人生的不同阶段，身处不同的学习和工作环境，拥有不同的运动条件与设备，因而需要选择当下最适合自己的锻炼方式与内容。只有自己的身体更加健康、精力更加充沛，工作时的注意力才能更加集中，才能适应社会的发展和未来生活的需要。这种伴随个体进步的就是终身体育。

随着社会现代化程度的不断提高，人们把参加体育锻炼作为自己生活中的重要内容，这是人类文明和社会文明发展的必然结果。如果所有人都能做到经常参与体育活动、加强身体锻炼，并且养成自觉锻炼的良好习惯，那么这个国家的发展进程也将大大加快。

（3）满足体育生活化发展的需要。

体育的生活化是大众体育发展的动力，生活化的体育也是社会发展进入小康社会的必然产物。在现代化的社会环境下，个体生活和发展的价值容量不断扩大，人们与体育之间的联系也越来越紧密。人们愿意在人生的各个阶段参加体育锻炼、增加自己的体育知识、增强自己的锻炼意识，并且形成自觉锻炼的习惯，这是社会进步发展的必然结果。

培养社会成员的终身体育意识对组织群众进行体育锻炼、开展群众体育活动、促进体育文化交流具有重要的意义和作用。虽然我国的大众体育获得了一定程度的发展，但大众体育活动开展的场地、器材、经费等问题依然存在，导致我国每年开展群众体育活动的次数十分有限，并且其时效性也有待提高。因此，大力宣传和倡导终身体育的观念、加强对开展群众体育活动的重视、增强人民群众的体质水平是实现体育生活化的要求。

社会对体育活动的需求是体育进一步发展的动力，经济的不断发展又促进社会对体育的发展提出新的要求。同时，社会经济的快速发展也为体育教育的发展带来了投资。终身体育就是在经济发展的条件下，不断向社会提供体育劳务这种特殊的体育消费品，人们通过参加体育运动，达到了增强体质和心理素质、提升体能的目的，从而可以更好地投入社会主义经济建设中，促进社会经济的高速发展。

3. 终身体育教育思想的三大特征

终身体育具有三大显著特征，分别是锻炼时间的终身性、锻炼群体的全民性和锻炼目的的实效性。

（1）锻炼时间的终身性。

传统的体育教学思想限制了人们接受体育教育的时间和场所及体育教学的内容，导致人们只能在学校学习期间才能接触体育，所学到的内容也仅限于体育知识和运动技能。"终身体育"教育思想之所以被称作先进的教育思想，是因为它超越了传统学校体育教学的思想，改变了之前人们只强调掌握体育知识和运动技能的观念，改革和发展了学校的体育教育。这主要体现在终身体育的教育思想要求人们根据个体生长发育和衰退的规律及每一阶段的不同特征开展科学的身体锻炼，坚持在各种条件和环境下进行体育锻炼。

（2）锻炼群体的全民性。

终身体育锻炼群体的全民性指接受终身体育教育的人员范围包括所有年龄阶段的群体，其中包括儿童、青少年，也包括老年人，这些人有的在学校参加体育锻炼，有的在家自行锻炼，还有人会参加一些社会上的体育活动。以"终身体育"的教育思想指导全民开展体育锻炼和健身运动的实质是群众体育普及化的表现。在现代社会中，每一个人都在谋求生存和发展，而想要更好的生存和发展就必须学习知识技能、参加体育运动，把体育锻炼当作生活的一部分，在参加体育运动的过程中享受乐趣，获得健康。

（3）锻炼目的的时效性。

终身体育的主要目的和最终目的都是为了保持人体的健康、增强人体对外界的适应能力、改善人的生活方式、提高人的生活质量。从终身体育思想的目的性可以看出终身体育的根本着眼点在于帮助个人发展，以适应社会的发展。人们为了改善生活方式、提高生活质量，会结合自身条件和需求选择合适的锻炼方式，有的放矢、目标清晰。这样的做法是具有较强的针对性和实效性。综上所述，终身体育锻炼要有清晰的目标和明确的目的，要能促进自身的全面发展和进步。

第三节　高校体育教学原则

高校体育教学原则具有多样化的特点，既包括学科教育教学中通用的原则，如"循序渐进"原则、"精讲多练"原则；也包括高校体育教学中特有的教学原则，如"身心共同发展"原则、"注意安全卫生"原则。具体分析，高校体育教学的原则可分为以下六种，如图 2-3 所示。

图 2-3　高校体育教学原则

一、"因材施教"原则

因材施教的高校体育教学原则是高校在开展体育教学活动的过程中，要根据学生的不同特征，如年龄、性别、体质、个性、运动基础和兴趣爱好等，分别制订不同的教学目标和教学计划，使每个学生都能得到相应的提升与发展。因材施教教学原则的理论依据是：不同性别和阶段的学生的生理及心理特点不同，学习能力和理解能力可能也有所差异。

积极贯彻因材施教教学原则的主要做法包括五种。

（一）了解每一位学生的身心特点和运动需求

学生的身心特点主要指不同年级、不同年龄阶段的学生的身心特点，同一年级、相同年龄学生之间的身心差异，不同学生的身体条件、身体素质和运动能力、技术基础。学生的运动需求可以指学生对个别运动项目的爱好，也可以指学生想要达到的运动目标，如技能目标、健身目标。

（二）针对学生的不同特点进行"因材施教"

在深入了解学生的身心特点和运动需求之后，教师要根据所了解到的信息制定多种教学计划。班级中的每一名学生都有其独特性和差异性，但教师不可能为每一名学生制定一种教学计划。一名优秀的体育教师，应该善于寻找学生的共性特点，以共性特点较多的学生为基础，并且在此基础上区别对待学生的特殊需求。例如，可以安排完成目标的学生帮助老师指导还没有完成目标的学生；采用较为特殊的教学方法和教学手段，让学生在相对容易的条件下收获成功的喜悦。

（三）特殊学生特殊指导，绝不轻易放弃

体育教师应给予特殊学生特殊的帮助和指导。对于个别能力不足的学生应采用特殊的教学方法和手段；针对学生的错误提出改进意见，使他们最终达到教学目标的要求。因为体育教师的教学活动是面向全班同学的群体性活动，不是一对一教学，所以要对全体学生负责。

（四）深入了解班级情况

班级的课堂氛围对教学效果的影响是十分明显的。有的班级组织性、纪律性、互动性都很好，学习气氛浓厚，学生愿意与教师配合，教学效果就会比较好；有些班级的学生缺乏集体意识和学习积极性，那么教师的很多教学方法就没有学生配合，也就起不到很好的教学效果。尤其对于新接

手的班级，教师一般不太了解班级的具体情况，此时教师就应主动和该班级的班主任联系，从班主任那里了解整个班级的各种情况，如学生的学习态度、班级的纪律、学生体检的情况等。在正式开始上课之后，老师应先仔细观察学生的语言表达和行为反应，如哪些学生比较安静、哪些学生比较调皮、哪些学生的自尊心较强等。

充分了解这些情况有助于教师引导学生营造良好的集体氛围。对于任课时间较长的教师来说，师生关系较为固定，这时教师也要主动收集学生对教师、教学的各种反馈意见，然后根据这些意见适当调整自己的教学行为和管理行为，处事公平、公正、公开、透明，以理服人、以德服人，这样才能让学生敬佩、喜爱。这样的师生关系有助于改善原来的课堂气氛，达到更好的教学效果。

（五）根据具体的教学条件制定教学计划、安排教学内容

因材施教的原则要求教师根据教材的性质特点、具体教学条件和天气变化等因素安排不同的教学内容。就算是同一本教材，也要根据学生的具体情况制订不同的教学计划，提出不同的学习要求，如在教学过程中使用不同高度的跳箱、跳高架等。同时教师还要考虑教学场地对开展教学活动的限制，根据室内和室外制定不同的教学方案；充分利用已有的教学器材锻炼学生，实施教学计划。此外，还要考虑天气变化、气候特点对教学内容和教学方法的影响，如夏季室外温度偏高的时候不要安排运动量过大的教学内容，否则容易导致学生中暑；冬季室外温度偏低，在开展运动之前要做好准备活动，不然容易受伤。

二、"循序渐进"原则

循序渐进体育教学原则是在体育教学的过程中安排教学目标、教学内容、教学模式、教学方法的时候一定要注意系统性和连贯性，安排要符合学生的性别、年龄、身体机能、运动基础等方面的特点，体现学生的个体差异。循序渐进体育教学原则的主要依据在于人们认识事物的过程规律、

动作技能习得和形成的规律、体育知识的系统性和连贯性、教学内容的层次性等。只有遵循由容易到困难、由简单到复杂、逐渐深入的教学原则，才能使学生打好基础，稳步发展。教师要遵循"循序渐进"的教学原则就要做到以下四点。

（一）研究教材，了解教材的系统性

教材是教师开展教学活动的基础，因此体育教师必须要好好研究体育教材。研究体育教材可以从以下两个角度入手。

第一，如果有几本不同的教材，教师要了解不同教材之间的关系，分析它们的不同之处和相同之处，通过不同教材的合理搭配制订教学计划、选择教学内容。

第二，善于分析教材的内容和特点，即教材单元的课时安排、教学内容的正误、教学重难点等。

（二）教学设计体现层次性、连贯性

体育教师在进行教学预设的过程中，可以根据教学需要与教材的内外部特点开展合理的教学设计。此处的教学设计不仅包括教案设计，还包括各种教学计划，如单元教学计划、学期教学计划、学年教学计划、学段教学计划等。体育教师在制定教学计划的过程中不仅要考虑各项教学计划之间的联系，还要注意具体某项教学计划的层次性。教师应保证各项教学计划之间的连贯性与系统性，保证教学内容的安排由易到难、由简到繁，符合循序渐进的要求，使每个学年、学期、单元、课时的教学目标、教学内容、教学方法和教学手段都能做到前后关联、互相配合、逐渐提高。

（三）了解学生身心发展规律和特点

学生是体育教学的教学对象，学生各方面的特征和需求是开展教学活动的基础。因此，一名优秀的体育教师必须认真分析各个阶段学生身心发展的规律和特点，不仅要研究他们身体成长和发展的阶段性特征，还要分析他们的心理发展特征和规律，这些规律和特点也是实施"循序渐进"体育教学原则需要考虑的重要影响因素。

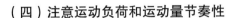

（四）注意运动负荷和运动量节奏性

人体身心发展具有阶段性，学生的身心发展和体能发展更是如此，因此体育教师在安排各个课程的运动量和运动负荷时一定要注意节奏性。首先，每一堂课的运动负荷和运动量都要保持一定的节奏，此时要依据学生在固定时间段内身心变化的规律特点来安排学生的运动节奏。其次，不同课时之间运动量和运动负荷的节奏安排也要科学，其主要目的在于使学生的身体得到充分锻炼和刺激并防止因运动过量或过度疲劳对学生的身体造成伤害。

三、"精讲多练"原则

精讲多练的教学原则是体育教学的基本原则之一，也是体育学科区别于其他学科的一个特殊原则。"精讲"的含义就是体育教师在深入了解教学需求、了解学生特点的基础上，用简洁精练的语言在较短的时间内将教材中要求学生掌握的知识技能和动作要领向学生讲解清楚。"多练"的含义就是学生在听完体育教师的讲解之后，对需要掌握的运动技能多加练习。就"讲"和"练"的关系来说，"精讲"既可以为"多练"节省出更多的训练时间，又可以为"多练"提供专业必要的指导。"精讲"是练习的基础和前提，学生只有听了教师的"精讲"，才能在短时间内快速理解所学内容的原理和动作，才能有更多的时间实现"多练"的目的。

具体分析，教师要遵循精讲多练的教学原则就要做到以下两点：一是在"精讲"方面要做到内容精要、方法恰当和语言精练。二是在"多练"方面要做到数量与质量兼顾、练习方式多样化、思考与练习相结合、在教师的点拨与指导下练习。

（一）"精讲"注意事项

1. 内容精要

在体育教学的过程中，教师对专业知识与技能的讲解是必要的，但教师的讲解不是随意发挥的，而是有严格要求的，因为课堂时间是宝贵且有限的，所以教师的讲解内容必须符合教学目标和教学需求，同时突出教学内容的重点与难点，做到内容精要、易于理解。

2. 方法恰当

在体育教学的过程中，教师在讲解教学内容时还要注意选择合适的方法。要尽量做到既能满足教学要求，又容易被学生理解。教师在选择讲解方法时首先要考虑教材内容的特点，有些内容理解起来比较困难，在讲解的时候就要注意采用不同的方法，使讲解更加生动形象；有些内容理解起来比较容易，在讲解时就可以用少量的时间阐释，而无须反复强调。教师在选择讲解方法时还要考虑学生的特点，对于不同层次、不同水平的学生，讲解的方法是不一样的。例如，对于体育专业的学生，可以使用更专业的语言，在形象化描述的同时进行一些抽象讲解；面对非体育专业的学生，讲解起来要更加口语化、形象化。

3. 语言精练

在开展体育教学的过程中，教师的讲解要做到生动形象、简洁有效，在学生理解的基础上最好还能带给学生一定的启发。体育教师可以通过运用各种语言技巧帮助实现这一教学目标，如使用"口诀化"讲解技巧。"口诀化"讲解技巧不仅有助于学生更好地理解运动的知识原理，更重要的是有助于教师"精讲"。体育教师在注意使用语言精练技巧的同时，还要注意其语调、语速和语气的搭配，所有这些技巧都有助于调节课堂气氛、完成教学目标。

（二）"多练"注意事项

1. 数量与质量兼顾

"多练"既要保证实际练习的时间，又要保证一定的质量。这是由体育教学的特殊性决定的，没有足够的练习，就无法真正掌握或者熟练掌握运动技能，所以在体育教学的过程中，教师应抓紧时间为学生提供练习的机会。"多练"还必须是有质量的练习，如果只追求数量，不讲究质量，这样的"多练"是没有效果的。

2. 练习方式多样化

在体育教学的过程中，教师引导学生展开练习的方式有多种，多样化的练习方式可以帮助学生在充满乐趣的训练过程中掌握运动技能。多样化的练习方式包括重复练习法、变化练习法、游戏练习法、帮助练习法、循环练习法等。每一种练习方法都有其自身的特点，教师应根据学生的具体情况选择适合他们的练习方法。

3. 思考与练习相结合

在体育运动技能的练习过程中，教师要时刻注意引导学生思考，通过"思考＋练习"的方法提升练习效果。因为学生每一次练习的条件、方式和目的可能有所差别，所以只有经常动脑，认真分析每一次的练习情况，学会归纳和总结问题，才能有效地提高练习效果。

4. 在教师的点拨与指导下练习

在体育运动技能的练习过程中，有时只凭借学生的思考并不能解决困扰学生已久的问题，此时教师的点拨与指导就显得十分重要。教师作为先学者和引导者，他们的经验传授和用心讲解可以在短时间内帮助学生解开困惑，提高练习效率。只有教师和学生实现良性互动，学生的"多练"才能达到最佳效果。

四、"负荷适量"原则

体育教师在开展体育教学的过程中要注意根据学生的特点合理安排生理负荷和心理负荷，并且注意练习时间与休息时间的合理搭配，以达到锻炼学生体能、增进学生身体健康的目的。生理负荷和心理负荷是调节运动效果的常见指标。在人体生长发育、成熟稳定的各个阶段，其生理机能和心理机能都有一定的负荷极限。如果超越了这个极限，就会损害机体健康；但如果刺激量不足，就无法开发身体潜力。在训练负荷的教学过程中不能缺少间歇，间歇对于调节课程节奏、缓解运动疲劳、提高训练效率具有重要作用，合理地安排负荷和间歇有助于提高教学效果。

体育教师遵循"负荷教学"的教学原则应注意做到以下五点。

（一）学习和掌握运动负荷与身心发展的关系

作为一名合格的体育教师，首先要在职前教育的过程中学习并掌握有关体育生理学和心理学的相关知识理论，在任职后的教学生涯中不断地运用与验证，只有这样才能更好地促进学生身体与心理全面、健康的发展。

（二）合理安排各个教学计划中的运动负荷

在实施体育教学的过程中，合理地制定各项教学计划是十分重要的；在制订各项教学计划时，体育教师要全面考虑教学过程中运动负荷与运动量的安排。具体的操作安排应包括以下四个方面的内容。

（1）在制定每一课时的教案时，要从教材中选择恰当的教学内容，合理安排学生的运动负荷与休息时间，同时考虑天气、场地、器材、设备等教学因素的影响。

（2）在制订教材单元的教学计划时，要充分依据各个课时的特点，合理安排运动负荷和运动量。

（3）在制订每一学期的教学计划时，要考虑教材各个单元内容的特点，合理安排每一单元的运动负荷和运动量。

（4）在制订每一学年的教学计划时，要考虑季节变化对开展体育教学的影响，利用教材合理安排运动负荷和运动量。

（三）根据体能发展规律有节奏地加大运动负荷

根据人体体能变化发展的规律，适用于人体的运动负荷是需要随着运动量的增加而逐渐提高的。如果运动负荷只停留在一个水平，如今天跑100米，明天跑100米，后天乃至一个月后仍跑100米，那么学生的体能是不会进步的。因此，体育教师在制定和实施各类教学计划时既要注意安排合理的运动负荷，使运动负荷不超出学生承受的范围，也要注意观察运动负荷在每个阶段的发展变化，尤其是负荷的节奏和规律，以保证对学生的机体产生足够的刺激，最终实现发展体能的目标计划。

（四）根据课型、教材等因素合理安排运动负荷

合理安排运动负荷还需要考虑客观因素和主观因素。客观因素包括课型特点、教材特点、气候特点等；主观因素是可控制、可调节、影响学生身体素质的因素，如学生的生活条件、营养条件、训练条件等。根据客观因素合理安排运动负荷的方法包括两点。

1. 根据不同课型安排运动负荷

复习课的主要目的在于提高学生身体素质、提高学生对运动技能的熟练掌握程度，此时运动负荷的安排量就要大于新授课；新授课以理解运动知识和技能为主，因此运动负荷的安排量就要小于复习课。

2. 根据不同教材安排运动负荷

不同的体育教材对运动负荷的要求是不同的，体育教师要结合实际教学目标和学生特点，合理选择教材，根据教材开展教学活动，运动负荷较低的教材要与运动负荷较高的教材同时使用。

根据主观因素安排运动负荷的原因在于学生的身体机能不同，同样的运动负荷可能产生不同的训练效果，因而不能只根据表面数据的变化衡量运动负荷的大小，而是要看机体内部的变化情况，这就要求学校在发展体育教学的同时发挥医务监督功能。

（五）合理安排休息的方式与时间

体育教师要想正确有效地发展学生的体能，不仅要根据运动负荷的发展规律合理安排运动量和运动强度，还要时刻观察学生身体变化的情况，根据学生身体的状况和学生的身心特点合理安排休息的时间、方式和次数。例如，面对相同的运动量，身体素质好的学生要比身体素质一般的学生更容易接受。选择合适的休息方式有利于学生体能的快速恢复，运动期间休息的方式有两种，分为积极性休息和消极性休息，实践证明积极性休息更有利于学生身体机能的恢复，如慢跑、热水浴、推拿、按摩等。

五、"身心共同发展"原则

身心共同发展的教学原则是在开展体育教学的过程中，在着重发展学生身体机能的同时还要注意培养学生的心理品质，提高学生的社会适应能力。因为人体是一个全面发展的完整的有机体，我们不能将人的心理和身体割裂开来进行单独教育。人是社会群体的一部分，不仅具有生物性，还具有社会性，必将参与社会活动，只有身体和心理共同发展，人体才能正常运行。体育教学的目的就是发展学生身体活动的能力，因此在教学过程中要不断地刺激学生的身体，对学生的身体产生深刻的影响。与此同时，体育教学活动也从两个方面影响着学生心理的发展：一是学生的个体心理方面，如运动兴趣、运动爱好、肌肉记忆、运动思维、情绪控制和意志培养等。二是学生的团体心理方面，如合作意识、团体精神、班级纪律等。具体分析，在体育教学的过程中，遵循身心共同发展原则可以从以下五个方面入手，如图2-4所示。

图2-4 遵循身心共同发展原则的主要做法

（一）培养学生锻炼身体的意识

体育教师在开展体育教学活动的过程中，尤其在讲授体育运动知识的课堂上，要积极引导学生认识身体健康对学习、工作和生活的重要性，积极传授保持身体健康、科学锻炼身体的知识，帮助学生养成经常锻炼身体、正确锻炼身体的良好习惯和生活方式，并且促进学生在掌握某项运动知识技能的基础上逐渐发展个人的运动强项。

（二）考虑教学因素影响作用

体育教师在制定教学各阶段的工作计划时，要注意各类教材的选择和合理搭配，要考虑人体生长发育的特点，在不同的学期和阶段有不同的侧重。要遵循体能发展变化的规律，时刻关注学生体能发展的需要，保证学生在体育活动中有足够的训练量，以促进学生体能的增强。此外，教师在体育教学实践的过程中要特别注意教材选择和搭配等教学因素对实现教学目标的重要作用。例如，某一教材本身已安排较强的运动负荷，那么教师就要根据学生的能力水平进行适量选择；如果某一教材本身包含的运动强度不足，那么教师就需要额外补充一些锻炼体能的运动练习，使学生的机体达到充分的锻炼，进而促进学生体能的发展。

（三）关注研究学生心理特征

体育教师在开展体育教学活动的过程中，要依据教育学、教育心理学理论的指导，充分研究学生的心理，了解学生的心理特点，正确利用学生心理激发学生学习体育的积极性和主动性，并且在教学模式和教学方法上实现灵活化、多样化，让学生在轻松、愉快的氛围中掌握体育知识和运动技能，这样才能有条理、有规划地促进学生身心的健康发展。

（四）注意发挥体育育人功能

体育教师在安排教学任务、制定教学目标、选择教学内容和教学方法的时候要时刻注意发挥体育教学的育人功能，认真对待每一堂课、每一次练习活动、每一场竞赛。因为这些活动本身就包含着体育精神的内涵，其是体育道德的彰显、人格品质的体现。体育教师要充分发挥体育教学的育人功能是因为体育教学的目的不仅是要培养身体健康、体能优越的社会人才、运动人才，更是要为国家培养心理健康、社会关系良好、可以为祖国作贡献的合格人才。

（五）发挥教学评价导向作用

发挥教学评价的导向作用有助于引导教师发现教学中的问题和学生的学习需求，从而促进教学水平的提高和学生身心的和谐发展。体育教师在研究设计体育教学评价的过程中不仅要确定学生身体健康方面和运动技能掌握方面的评价标准，而且还要注意其学习态度、性格培养、道德品质、人际关系等方面评价标准的设定。科学地对比教学目标和教学结果评价，落实体育教学和谐发展、身体健康与心理健康共同发展的教学理念。

六、"注意安全卫生"原则

基于当前体育教学实践过程中频频发生的安全事件与体育教学活动会涉及的卫生问题，本书有必要将注意安全卫生原则作为体育教学的教学原则之一。这一原则的主要概念在于学校和体育教师在体育教学设计与教学活动实践的过程中，必须结合体育教材的性质、特点及学生的身心特点、年龄特点和性别特点，时刻将学生的运动安全与卫生问题放在首位，通过学习卫生保健知识，组织医疗保健团队，做好各种预防措施，尽量减少不必要的身体伤害，以保证学生在安全卫生的条件下参与体育锻炼活动、强身健体、提高心理素质和社会适应能力。贯彻落实注意安全卫生体育教学原则，离不开学校、教师和家长的共同努力。学校、教师和家长可以从以下四个角度出发贯彻这一教学原则。

（一）树立"时刻注意安全和健康"的教学思想

在目前的教学实践活动中，注意学生身体健康的思想已经被广大教育工作者和家长贯彻，这也是政府的导向性理念，但是体育课堂上的安全问题一直是学校体育工作和体育教学过程中的大问题。虽然这个问题在一定程度上引起了学校领导、教师和家长的关注和重视，但注意安全的教学理念还没有像注意健康的教学理念那样在学校教育中得到普及，体育课上的身体伤害事故难免会发生。因此，学校和教师在进行体育教学的过程中一定要协助做好各项预防工作，切实做到把学生的安全问题、健康问题排在所有工作的首位。

（二）不能违反体育教学的目标和规律

在体育教学活动中提倡注意安全与卫生并不意味着要放弃具有一定学习难度和可能发生危险的教学活动，如果只允许教师使用难度很小、对发展学生体能用处不大的教材进行教学，那么教师就无法顺利传授体育知识和技能，体育文化的传承与发展也就不能顺利推进，学生也就感受不到运动带来的挑战性和新鲜感。因此，体育教师不能受"安全最重要""为了安全不让学生挑战难度动作"等观念的影响，在选择运动项目时弃难求易。

（三）做好开展教学的各项安全措施

凡事预则立，不预则废。要想做好一件事，只有做好提前准备工作才有可能成功。在体育教学活动的整个流程中，体育教师要做好开展教学工作的各项安全准备措施。

首先，在每节课开始之前的10~15分钟，体育教师就应到达教学场地，如果遇到特殊教学内容需要准备较多的器材时，还要更早到达教学场地。教师在到达教学场地后，需要自己或组织学生把教学场地打扫干净，然后把上课需要用到的器材布置到位，这是衡量一位教师责任心与教学态度的重要指标。

其次，体育教师要根据训练内容，仔细检查训练需要用到的每一件器材设备，特别要注意单杠、双杠、跳马等器材的安全问题。

再次，在开展正式的技能与动作训练之前，必须引导学生做好准备工作，这是防止运动损伤的必要环节。学生要养成认真做好准备工作的好习惯。教师在指引学生做好一般准备活动的基础上，还可以结合教学内容引导学生做一些专项准备活动，使学生身体的各关节、肌肉放松，为学习主要运动技能做好准备。

最后，体育教师在课堂上要传授给学生一些自我保护与帮助他人的方法，要求学生根据自己的运动能力参与运动训练，防止一些学生因为争强好胜而教师没能及时制止导致的伤害事故。

（四）注意教学过程中运动卫生问题

如同在日常生活中要经常注意卫生一样，在体育教学的运动过程中也要时刻注意卫生，只是这一原则还没有受到大量的关注。原来的体育教学由于教学条件的限制，教学的场地和器材都不太好，很多学生要在泥土地里上体育课，运动起来整个场地都会变得尘土飞扬，教师和学生身上都会沾满灰尘，甚至会吸入粉尘颗粒，这是典型的运动卫生较差的例子。现如今随着社会的进步与发展，体育教育的发展也受到了重视，大多数学校的运动场所已得到了较大的改善，变得较为干净整洁。体育教学过程中的运动卫生问题不仅指体育场所的条件，还包括环境的变化可能引起的卫生健康问题。

在气温过低的环境下开展体育活动，如果不考虑运动的时间、强度、衣物的增减等问题，就可能会对学生的身体造成伤害；在高于 40 摄氏度的气温下参加体育活动容易出现中暑、晕厥等情况。运动建筑和运动设备方面也涉及相关的卫生问题，如室内建筑的通风、采光、供暖、降温问题及游泳池的卫生问题都直接影响学生的健康。在运动过程中也要注意学生的运动卫生问题，如在运动之前不要吃太多东西，饭后至少半小时才能开展运动，运动过程中不要喝太多水，长跑之后不要马上躺下休息等，这些都是有关青少年的卫生健康问题，同样要引起教师的注意。

第四节　高校体育教学目标

一、体育教学目标的概念

体育教学目标是体育教学指导思想的体现，是体育教师组织和开展体育教学活动的行为指南，也是评价体育教学最终效果的依据。体育教学目标是期望学生在教学结束后达到的学习效果和对学生最终表现的具体描述。在教学活动开始之前，体育教师必须明确学生学习结果的类型，并且用清晰的语言向学生陈述教学目标，使学生明白自己需要学习掌握的知识技能包括哪些方面的内容。编制教学目标是教学设计中尤为重要的组成部分，阐明教学目标已成为体育教学实践和研究的普遍要求，也是体育教学设计的核心环节。体育教学目标具体来说是开展体育教学活动的主体事先确定的，想要在接下来的教学活动中实现的，利用现存技术手段可以测评出来的教学结果和教学标准。如何科学地设计教学目标已成为体育教学领域的重要研究课题。

二、高校体育教学目标的基本特征

（一）科学性

中共中央办公厅、国务院办公厅在印发的《关于全面加强和改进新时代学校体育工作的意见》（简称《意见》）中指出：

学校体育工作要以习近平新时代中国特色社会主义思想为指导，全面贯彻党的教育方针，坚持社会主义办学方向，以立德树人为根本，以社会主义核心价值观为引领，以服务学生全面发展、增强综合素质为目标，坚持健康第一的教育理念，推动青少年文化学习和体育锻炼协调发展，帮助学生在体育锻炼中享受乐趣、增强体质、健全人格、锤炼意志，培养德智体美劳全面发展的社会主义建设者和接班人。

这就要求学校体育教学的目标首先要考虑满足四个方面的具体要求，即学生文化、体育及身心健康的全面、协调发展；高校体育教学除了要实现以上教学目标之外，更应在教学目标的制定上体现人才意识，注重培养学生适应社会发展的能力。其次，体育教学具有提高学生社会参与能力等方面的功能，因此教师应根据社会发展的需要和学生的具体特征，发挥体育的多重功能并建立体育课程教学目标。最后，体育教育还要注意创造条件培养学生的创新能力和个性。在开展体育教学活动的过程中，体育教师要因地制宜、因材施教，重视发掘学生的创造天赋，培养学生的体育意识和运动兴趣。只有通过以上三个方面的举措，才能在体育教学中培养出符合时代发展要求和社会主义建设要求的新型人才，才能把高校建设成人才的摇篮。

（二）具体性

高校体育教学目标的具体性特征主要体现在以下三个方面。

首先，在目标的具体设定上，不仅要把提高学生的知识技能水平设定为教学目标，还要努力使学生的身心协调发展、全面发展；不仅要完成学生在校期间的身心健康教育、体育知识教育、运动技能教育等方面的教学任务，还要认真培养学生对体育的兴趣、爱好，为学生树立终身体育的意识打下坚实的基础。要以学生的发展为中心，以学生的需求为前进的动力。

其次，在目标的具体实施上，高校体育教学目标要根据不同年级、不同学期、不同层次具体制定，争取把目标落到实处。既要设立明确的教学目标，又要规划具体的实施方法，使教学目标可行、有效，而不是纸上谈兵。

最后，制定体育教学目标还要注意各个阶段之间的连接关系，做到层层递进、相互衔接。在目标的表达上注意语言清晰、层次清楚、简洁流畅、易于理解。

（三）整体性

体育教学目标的制定应注意整体性特征，根据"育人为本"的指导思想，实现学生发展、学科发展、社会发展三者的有机结合；从整体发展的思路出发，实现全面发展、协调发展；体育教学各方面目标的设置都应包括知识、技能、情感三个方面的内容，以体现内容上的整体性。

与此同时，体育课程教学目标的制定，应通过不同阶段目标的联系与配合体现教学目标的整体性特点。体育教师应按照学生的年级和水平来制定教学目标。不同阶段目标的设置要求不能脱离实际，要根据学生自身的体育水平和发展特点有所侧重，从而充分体现各阶段的教学特点，体现目标的针对性和可操作性。

（四）发展性

制定高校体育教学目标不应该只针对在校学生的体育锻炼，而要以发展的眼光看待问题，要培养学生积极主动参与体育活动和锻炼身体的兴趣和爱好，鼓励学生自觉体验运动的乐趣，进而养成自觉锻炼的良好习惯。具体分析，可以从三个发展方向解释体育教学目标的发展性：

首先，从横向发展的角度来看，体育教师应结合课内、课外不同的教学目标，构建二位一体的教学体系。

其次，从纵向发展的角度来看，高校体育教学目标应与社会的发展相适应，与引导学生适应社会发展相结合，实现体育教学目标的根本追求。

最后，从学生自身的发展角度来看，高校体育教学目标应该根据个体之间的差异，充分发掘学生的运动潜力，贯彻落实"以学生发展为本"的教育理念，培养学生"终身体育"的锻炼意识。

三、高校体育教学目标的制定原则

在制定高校体育教学目标之前必须了解和掌握体育教学目标制定的原则，这些原则对体育教学目标的制定具有方向性的指导作用，对提高体育教学水平和教学质量具有非常重要的指导意义。

（一）科学性原则

在制定高校体育教学目标时首先要遵循科学性原则。科学性原则是教学目标的制定要符合不同阶段学生身心发展的科学规律和发展特点，最终有效地促进学生的身体健康和体能发展。体育教学目标的科学性包括五个方面的内容。

第一，教学目标要体现体育学科的特点，体育学科的主要特点在于发展人的体质、提高人的身体素质和运动能力。

第二，教学目标要全面，不仅要体现体育教育的学科特点，引导学生掌握运动技能、保持身体健康，还要提高学生的认知能力、思维观察能力，培养学生的心理素质和情绪控制能力。

第三，教学目标的制定离不开教材的导向作用，因而要根据教材的内容和特点，体现出教学的重难点。

第四，教学目标的内容要更加具体化，其操作性更强。

第五，教学目标既不能太难，也不能太简单，一般的教学目标应该是班内大部分学生通过一定的努力就能完成的。

（二）整体性原则

体育教学目标包括体育课程目标和体育课堂教学目标，其中体育课堂教学目标又包括单元目标和课时目标。体育教师在制定体育课堂教学目标时，要对学校教育总目标和体育课程目标有所了解，从教育教学的整体需求出发，满足学校教育总目标和体育课程目标的要求，并且注意处理好总体与具体的关系。

（三）灵活性原则

体育教学目标的制定在原则上是适用于大多数学生、满足大多数学生的学习需求的，但由于不同个体在运动基础和技术能力方面存在较大的差异，因而教学目标的制定必须要具有一定的灵活性。教师首先要把体育教材按照难易程度分类，然后根据教材的难易程度设立不同等级的教学目标，这样做的好处是所有的学生都能根据自己的实际水平完成相应的学习任务。

（四）可测评原则

一般教学目标的设计都是采用科学的、准确的、逻辑性强的书面语言来描述，这种描述一般都比较抽象、专业，因而不易确定评价标准。体育教师在制定体育教学目标的过程中，有关教学目标的描述不能使用过于笼统、抽象的语言描述，必须设定量化指标，并且通过恰当的方式进行客观的评价和监测。

（五）长短目标相结合原则

在制定体育教学目标的过程中，所设定的目标不是最终的教学目标，而是要同时制定长期目标与短期目标。要将长期目标和短期目标结合起来指导教学计划的制订和教学活动的开展。长期目标由一个个短期的子目标

组成，只有按照计划实现了所有的子目标，才有可能实现长期目标。据有
关研究试验表明，把长期目标和短期目标相结合的教学目标制定方法是科
学的、合理的，因为只设定长期目标，学生无法在短期内收获成效，这样
就容易挫伤学生学习体育知识和技能的积极性和兴趣；短期目标能够使学
生一直保持学习的热情和期望，有助于学生的日常学习与训练。

四、高校体育教学目标的创新改革

（一）高校体育教学目标创新改革的依据

1. 社会对现代人才的需求

无论是在现代社会还是在未来社会，高等教育都承担着为社会发展培
育现代化新型人才的重任。现代化新型人才的主要标准包括以下三点内容。

第一，掌握本学科的专业知识和应用方法。

第二，能将本学科专业知识与其他学科知识结合起来，正确运用在实
际生活、工作中。

第三，具备优良的道德品质、人际交往能力和适应社会的能力。

综上所述，高等教育需要培养的就是能全面适应现代生活与工作、专
业基础扎实、知识面广、工作能力强、个人素质高的德智体美全面发展的
现代社会的建设者和现代生活的参与者。

高校体育教学目标的制定要参照高等教育的总目标，并且根据体育学
科的特点和要求，特别加强对学生体育知识、运动技能、身体素质、心理
素质、团队精神、竞技意识等品质和能力的教育，将品德教育、智力教育、
审美教育与体育教育结合在一起，促进学生全面发展，服务于教育总目标，
培养出社会发展需要的现代化、高水平人才。

2. 树立终身体育思想的需要

加强高等教育人才的体育基础、培养他们树立终身体育的思想意识是
高等院校体育教学工作的重要内容，高校学生在接受高校体育教育之后将
会迈入社会、参加工作，因此高校体育教育与社会发展衔接。充分发挥高

校体育教学所具备的优势条件、培养终身体育的践行者与传播者、为学生的终身体育和今后的全民健身发展提供帮助与服务是高校体育教学的时代使命和新的目标。充分利用高校学生在校学习的时间和机会，着重培养高校学生的体育兴趣和锻炼习惯，就有希望实现学校体育与社会体育的有效衔接，改善高校学生一毕业就放弃体育锻炼的现象。可以说高校学生终身体育意识的培养和树立是高校体育教师工作的努力方向和未来前进的目标。

3. 大学生身心发展的需要

在高校的学习阶段，学生身体的正常发育已经基本完成，身体的机能水平也处于最佳阶段。旺盛的精神和充沛的体力使他们具备参与体育活动的优势条件，此时正是他们发展体能、提升身体素质的最好时期。与此同时，高校学生的心理也处于一个成熟平稳的状态，他们内心十分期望参加健身运动及其他体育文化活动。

总而言之，高校学生对体育的身心需求呈现出多元化和理性化的趋势，现代的高校学生不仅对提高身体素质、掌握运动技能十分感兴趣，而且对健身、健美、休闲、娱乐、竞技等活动很有研究。因此，高校体育教学目标的制定，应考虑大学生身心发展的特点，满足大学生身心发展的需要。

4. 开发高校体育功能的需要

高校体育功能是高校体育工作本身具有的特征，高校体育功能的发挥与高校体育教学目标有着十分紧密的联系。具体分析，高校体育教学要想办法开发和利用高校体育功能以适应高校学生的成长需要。可以说，只有功能存在，才有其对目标的追求，不存在毫无功能的目标。高校体育的众多功能实际上是目标的载体；只有建立在功能基础上的高校体育教学目标才是科学的、合理的、可实现的。

（二）高校体育教学目标创新改革的内容

1. 提高高校学生的认知水平

提高高校学生的体育认知水平就是帮助高校学生全面认识和了解体育锻炼的知识、内容、功能、技巧、方法等。高校学生对体育的认知越专业、越全面、越深刻，就会对体育运动越感兴趣，就越愿意进行体育锻炼、学习运动技能。可以说正确的认知是开展行为实践的基础。

2. 增进高校学生的身体健康

增进高校学生的身体健康、增强他们的体质是未来高校体育教学目标创新改革的重要内容。增进高校学生身体健康的方法包括：改善高校学生的生理机能，使他们身体强健，同时提高他们对各种环境的适应能力，如寒冷、炎热的环境，进而提高他们对疾病的防御和抵抗能力。

3. 提高高校学生的体育文化素养

提高高校学生的体育文化素养是现代高校体育教学目标明显区别于之前教学目标的内容。体育文化素养的内容十分丰富，包括各种与体育相关的文化知识，如体育哲学知识、美学知识、社会学知识、心理学知识、卫生学知识、保健知识等。

4. 培养高校学生的人格品质

高校体育教学的目标除了教授体育知识、运动技能，传播体育文化之外，还包括培养高校学生的人格品质。培养大学生人格品质可以从体育教学中的德育、智育、美育和"心育"四个角度展开。

德育以培养高校学生良好的道德品质为目标，具体分析，就是把高校学生培养成为具有社会责任感和使命感、遵纪守法、公平公正、礼貌文明的社会主义接班人。

智育以培养高校学生的思维能力、创新精神和创造能力为目标。

美育以培养学生鉴赏美、表现美、创造美的能力为目标。

"心育"是心理教育的简称，体育教育中的"心育"目标就是提高学生心理素质，尤其是锻炼学生承受压力、失败和挫折的能力，使学生具有宽广的胸怀、百折不挠的毅力。

五、高校体育教学目标体系的构建——以课程改革为导向

构建高校体育教学目标体系是完善 21 世纪高校体育课程目标建设的需

要，是进一步提高高校体育教学水平的需要。构建高校体育教学目标体系的基本框架应包括以下五个方面的内容。

（一）以社会对学生的要求为依据

课程开发与设计需要考虑的核心问题是如何满足学生发展的需要。这一思想观念对深化现代体育课程改革具有重要的指导意义。需要产生动机，动机决定行为，因而不符合学生发展需要的体育是没有生机和活力的，是无法引起学生参与体育学习的兴趣。

与此同时，体育教学目标的制定必须将学生的个体需要和国家与社会对学生的体育要求结合起来，不能因为学生个体的需要而忽视社会对学生的体育要求，片面强调学生的个体需要是不现实的、不可取的。学生虽然是体育知识和技能学习的主体，但也是不成熟的主体，由于体育知识和文化的缺乏，他们往往不能认识到自己的体育需求，不能把短期体育需求与长远体育需求结合在一起，也不能把个人体育需求与社会体育需求结合在一起。

学生的体育需求主要反映在学生对体育学习内容和锻炼内容的选择上。大多数高校学生在选择学习内容和锻炼内容时会从自身的兴趣爱好出发，选择一些趣味性较强、做起来较为轻松的体育活动，而对一些相对单调和枯燥，需要付出大量时间和精力才能完成，但有利于促进身心发展、完成课程目标的项目，学生都不太会去选择，如田径、体操等项目。因此，不能完全依据学生的个体需要进行项目的选择和练习。

高校必须站在促进社会发展、育人的高度，制定科学合理的体育教学目标，加强对学生正确学习动机和体育价值观的培养，同时通过改革创新教学模式和教学方法激发学生参与体育锻炼的热情和兴趣，这也是体育教学的职责所在。

（二）强调对学生体育专业能力的培养

在以往的体育课程教学中，教师都比较注重学生对体育技能的学习和掌握，而对学生体育专业能力的发展不够重视。培养学生的体育专业能力并不意味着让学生放弃对运动技能的学习。体育能力的培养需要以运动技能的学习为基础，没有了运动技能的学习，体育能力的培养就是一句空话。在学生掌握一定运动技能的基础上，学校和教师再着重培养学生的体育能力。培养学生的体育能力就是要让学生学会如何学习体育知识、如何强身健体，就是要培养学生在离开学校和教师指导的情况下还能独立自主的锻炼身体、提高身体素质。

在课程教学目标的设定过程中要避免把学习运动技能和培养体育能力割裂或对立起来，要注意避免以下情况发生：

第一，过分强调开展有关体育保健或健康理论知识的教学，体育教学目标要向保持身体健康的方向转变。

第二，为了培养学生独立锻炼的能力，片面强调让学生自选目标和内容，自行开展锻炼，教师不给予监督和指导。

第三，针对运动技能的教学没有设定要求和标准，认为体育知识和技能的掌握不是主要的，学习的过程才是最重要的，不追求教学的效果。

（三）强调学生学习体育的个体差异

传统的体育教学思想和教学方法是以教师为主导，以教材为中心，选择同样的教学内容，采取同样的教学方法和标准对待不同的学生，这种做法忽视了学生的个体差异，打击了学生的学习积极性。现代教育思想认为，学生是教育教学中的主体，课程教学必须以学生为中心。为此，新的课程理念明确表示要确立学生在课程学习中的主体地位。确立学生的主体地位，一方面要使课程教学尽量满足学生个体发展的需要，另一方面就是要重视学生的个体差异，确保每位学生都能从教学活动中受益。在体育教学的设计和开展过程中，教师要根据学生的性别、年龄、身体素质、运动基础等差异制定教学目标和教学计划，尽量使每一位学生都能学到适合自身的体育知识和技能。

（四）强调学生运动情感的真实体验

新的课程理念表示，要让每一位学生都能体验到学习的乐趣，要培养学生对体育的兴趣。只有激发学生对体育的兴趣，才能使学生积极地、自觉地参与体育活动，开展身体锻炼，这是实现体育教学目标和课程价值的有效保障。但让学生体验参与体育锻炼的快乐并不意味着体育课就是让学生玩，让学生开心，让学生玩得开心、玩得尽兴的体育课就是好课，这与体育课的课程理念完全不符，同时也没有起到培养学生刻苦锻炼精神的作用。

在开展高校体育教学活动的过程中，让学生体验学习与锻炼的快乐是基本的、主要的，但这只是体育课程教学的一个组成部分，不是高校体育教学的全部内容。即便从丰富学生情感体验的角度来讲，只有快乐的情感体验也是不够的，快乐的情感是需要其他情感的衬托和对比的。痛苦与快乐、成功与失败、领先与落后、优势与劣势、前进与后退总是相辅相成、同时出现的，绝对的快乐体验是不存在的。体育教学目标的制定应充分体现体育教学这一特有的内涵。

（五）强调对学生体育学习过程的评价

以往体育学习评价的内容主要是学生的学习成绩，是学生学习一段时间的最终成果，这种评价方式忽视了对学生学习过程的评价，因而不利于在教学过程中充分激发学生学习的积极性，不利于学生身心健康。因此，新的课程评价力求解决当前评价方式注重结果评价、忽视过程评价的问题，进一步发挥评价的激励功能和督促功能。新的评价方式不是不注重结果评价，而是更加关注学生学习的过程和进步情况。关注学生学习的过程和进步情况是为了让学生看到自己的提高，保持良好的心态，从而取得更好的最终成绩。

第三章　高校体育教学的内容

第一节　高校体育教学内容阐述

高校体育教学内容是高校体育教学工作者开展体育教学活动的主要参考，高校体育教学内容不仅包括了高校体育教什么，还包括了为什么教、怎么教。高校体育教学的设计、实施和评价都是围绕体育教学内容开展的。因此，高校体育教学内容在高校体育教学中占有重要地位。高校体育教学内容涉及的知识点比较复杂，高校体育教学工作者必须不断学习，充分了解和掌握高校体育教学内容，尤其是高校体育教师，更应做到对教学内容了如指掌。

一、体育教学内容的概念

要了解高校体育教学内容，首先要了解体育教学内容的概念。体育教学内容是依据国家制订的总体教育方针、政策和社会对体育教学的需求，结合学生的身心发展状况和学校教学条件，教授学生体育知识和技能的体育锻炼活动。

体育教学内容是根据体育教学目标进行安排和选择的，是结合学生在校学习期间的发展需要及体育教学的条件、环境制定的，并且会随着社会需求的发展而变化。体育教学内容具有很强的实践性，主要是用于训练学生的肌肉群力量，如身体锻炼和动作技能训练。像语文、数学、英语等学科教学内容的教授需要在相对安静的环境下进行，学生通过理解和记忆就能获取相应的知识。但是对于体育教学而言，所有运动技能的教授都是在体育训练场地进行的，学生只有通过不断地练习才能掌握相关知识与技能。

二、体育教学内容的共性与特性

体育教学内容的共性与特性是对比体育教学内容与一般教育内容体现出来的共同特征与体育教学内容独有的特征。

（一）体育教学内容与一般教育内容的共同特征

1. 教育性

体育教学内容是对高校学生开展身心健康教育的重要参考，当体育教学工作者和体育活动组织者在选择部分体育项目作为体育教学内容的时候，首先想到的就是这些项目对学生的成长与发展有什么样的教育意义和教育作用。体育教学内容的教育性包括以下两个方面的内容。

（1）促进学生身心健康发展。

体育教学是通过指导学生开展体育锻炼来促进学生身心健康发展的一种教学活动。体育运动是身体的运动，是人体肌肉群的活动，因而它能通过身体的锻炼来保持学生身体健康，增强学生体质，并且通过各种竞技类活动的开展提高学生的合作能力、社会适应能力，帮助学生矫正竞技心态，影响学生价值观的形成，对学生的心理健康具有积极的意义。

（2）教学内容的设计具有普遍性。

体育教学内容所面对的对象是教学活动中的全体学生，因此在教学内容的选取上应注重教学内容的普遍性。所谓普遍性就是指教学内容要保证适用于大部分学生，这样才能统一开展和进行教学活动。

2. 科学性

由于体育教育本身就是学校教育的组成部分，是有目标、有任务、有计划的教育教学活动，以促进青少年的健康发展为主要目的，因此体育教学内容也具有其他学校教育教学内容表现出的科学性。根据实践研究分析，

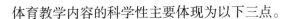

体育教学内容的科学性主要体现为以下三点。

（1）针对性强。

体育教学内容的实施对象是广大青少年，其教学目标就是为社会发展培养身心健康且具备工作能力的现代化人才。再加上体育教学内容本身是人类文明的总结和延伸，同时体育教学内容的实践性也充分表明了人们对这一学科的重视，因此体育教学内容针对性强。

（2）符合需求和指导性强。

体育教学工作者在对体育教学内容进行选择和筛选时，为了保证体育教学内容真正符合学生的身心发展需求和社会建设需求，能更好地为学生服务，往往需要进行反复的研究讨论；同时体育教学内容具有很强的指导性，能够指导教学过程的开展和教学目的的达成。

（3）遵循教学规律和原则。

任何一门学科教学的开展都要遵循学科发展和教育教学的规律和原则，这是保证教学目标顺利完成的基础条件之一。由于体育教学涉及的内容十分多样和复杂，因而为了保证教学活动的开展按照正确的方向进行，在选择和确定教学内容时必须遵循教学规律和原则，以保证体育教学的科学性。

3. 系统性

由于体育是一门内容复杂、多样的学科，教学内容不仅涉及体育知识的传授，还包括对运动技能的讲解练习。因此，体育教师在对教学内容进行梳理时，应根据知识技能之间的关系进行组织和安排，也就是说要考虑知识技能的系统性。

（二）体育教学内容的个性特征

体育教学内容除了具有与教育内容相同的共性之外，还具有很多与体育学科相关的、专属于体育教学的个性特征，这些特征影响着体育教学计划的制定、体育教学活动的开展，在整个教学过程中发挥着重要作用。体育教学内容的个性特征包括以下四个方面的内容，如图 3-1 所示。

图 3-1　体育教学内容的个性特征

1. 实践特征

由于体育教学内容主要是一些具有教育意义和锻炼意义的运动项目，需要学生肢体和大肌肉群的共同配合才能完成，因此实践特征是体育教学内容比较突出的特点。学校中的其他学科教学都是教师在课堂上展示讲解，再加上一些练习作业完成教学任务；体育教学内容只依靠教师的讲解和学生的理解是无法真正被学生掌握的。在特定的场地开展特定的体育活动是体育教学内容不可或缺的关键部分。虽然《意见》规定的体育教学目标中包括对学生心理健康和道德品质的教育内容，但这种教育也是包含在具体的体育活动中，通过体育活动的开展让学生学习到相应的知识和技能。因此，可以说体育教学内容具有实践特征。

2. 健身特征

开展体育教学活动的最主要目的就是锻炼学生身体，增强学生体质，使每一位学生都学到正确的锻炼身体的方法。因为体育教学内容中有很大一部分是增加大肌肉群力量的技能知识和技能训练，所以会增强学生身体的运动负荷，而青少年正处于身体成长发育的关键时期，适当的运动负荷能提高他们的肺活量和身体承受能力，能够有效促进其身体的健康成长，并且不断激发他们身体内部蕴藏的运动潜能，最终达到强身健体、保持健康活力的目的。

3. 娱乐特征

通过前文介绍可以看出，体育教学内容包含的体育运动项目大多来源于实际生活、艺术培养等方面，如游泳来源于人们的日常生活，健美操、交谊舞来源于艺术行业。参加适当的体育锻炼或体育竞技活动有助于人们放松心情、追求改变和进步，尤其是一些团体类的体育活动，如足球、篮球、乒乓球等，这些体育运动能丰富学生的课余生活和日常生活，促进学生与他人之间的沟通与交流，使学生在运动过程中获得身体和心灵上的双重快乐，这些都是体育教学内容娱乐性的典型体现。

4. 开放特征

体育教学内容与其他学科教学内容的另一差异就是体育教学内容对集体意识、团队合作精神培养的重视。体育教学内容注重对学生人际交往能力、社会适应能力等群体性能力的培养和提升。体育教学内容中设计的很多运动项目都是需要学生通过小组合作才能完成的，在这种合作过程中学生的责任意识、集体荣誉感、合作能力都能得到很好的锻炼和提升。由此可以看出，体育教学内容具有开放特征，有利于对学生的群体性能力的培养。

三、体育教学内容的形式

（一）动作教育形式

动作教育形式就是利用动作教育模式创编体育教学内容。动作教育是首先出现在欧美国家的一种体育教育思想和体育教学方法论。动作教育是按照人体的运动原理对一些体育运动进行分析并划分出不同的类别，再结合青少年的发展特点设计相应的体育教材，如具有教育性的舞蹈、体操等教材适合中小学生学习，因为此类运动有助于提高学生的基本活动能力。

动作教育思想观点提出在培养和锻炼人的身体机能的同时，还要注重身体和心理的和谐发展及对不足的弥补。依据动作教育思想观点设计的体育游戏具有较强的角色性和竞争性。根据游戏的规则，不同的参与者需要扮演不同的角色，发挥不同的功能，处理不一样的人际关系，使学生在体验角色互动和游戏的过程中学到知识，游戏结束后还要对自己和他人在游戏中的表现做出评价，交流心得体会。

（二）游戏化形式

游戏化形式就是以开展各类游戏的方式设计体育教学的内容。这种形式主要用于一些训练比较单一、枯燥的体育项目，如跑步、跳跃、投掷、体操、游泳等。此种设计形式的特点在于把这些单调的运动用"情节"改编串联成游戏活动，并且强调合作与竞争。这种改编形式在不改变训练性质的前提下大大提高了学生参与训练的兴趣和意愿，激发了学生的运动潜能，增强了训练的最终效果。使用游戏化形式来创编体育教学内容可运用兔跳接力、跳绳跑接力、设置障碍物接力等方式。

（三）体育文化形式

体育文化形式就是在设计体育教学内容的时候融入体育文化元素，其主要是体育教师先从体育竞技运动中提取各种文化相关的要素，然后在教学中对这些文化要素进行介绍和讲解，让学生充分感受体育文化的情调和氛围。例如，可以中国传统体育文化为主题，让学生了解中国传统体育文化中修身养性、强身健体等思想；还可以介绍中国传统体育文化中的舞龙、舞狮、太极拳、棍术等传统运动项目，激发学生对传统体育运动的兴趣。除了介绍中国传统的体育文化外，体育教师还可以介绍西方的体育文化，如指导学生了解西方的竞技运动比赛，让学生欣赏西方著名运动雕塑作品等，提高学生的体育文化素养和审美能力。这种形式有助于学生对体育文化的体验和深层次的感受，其比较适合高等院校的学生。

（四）综合原理形式

综合原理形式就是以综合体育原理和知识的方式设计体育教学内容。

其具体操作是"挖掘"体育运动项目暗含的科学原理和运动知识。这种形式可以和发现式、启发式的教学方法联合在一起运用。举例说明，体育教师组织学生开展拔河比赛，在教授学生拔河的方法、技巧时可以穿插讲解物理学中的牛顿第三运动定律。通过拔河这种形式可以让学生感受到，只要队伍所受的拉力小于与地面的最大静摩擦力，就不会被另一队伍拉动。因此，只要增大与地面的摩擦力就有利于取得比赛胜利，而要增大与地面的摩擦力，可以让队员穿上鞋底印有凹凸花纹的鞋子。这种设计的优点就是让学生在锻炼身体的同时掌握了科学的体育理论知识，这种方法需要教学对象具有一定的文化知识水平，也比较适用于高等院校的学生。

四、体育教学内容的选择

（一）体育教学内容的选择依据

由于当前存在的体育运动知识和技能种类丰富、内容多样，所以要在纷繁复杂的体育内容体系中选出合适的体育教学内容，需要有一些原则和依据。根据科学试验研究，选择体育教学内容应考虑以下四个方面的影响因素。

1. 社会需要

随着时代的发展和社会的进步，社会对人才的需求也在不断变化。体育教学内容应该体现社会对人才的需求，适应社会对人才的需求，满足社会对人才的需求。例如，现阶段社会和经济的发展需要身心健康、精力旺盛、社会适应能力强、思维敏捷、反应迅速并有一定创新能力的人才，那么体育教学工作研究者在选择体育教学内容时就要围绕这些需求展开。

2. 教学思想和教学目标

体育教学的教学思想和教学目标对体育教学活动的开展具有指导性作用，因此体育教学工作研究者首先要综合理解和研究这些教学思想和教学目标，然后根据自己的理解和判断选择适合学生发展的教学内容。

3. 教学对象

体育教学工作研究者在选择体育教学内容时必须考虑教学对象的身体特点和心理特点，其他与教学对象相关的因素如教学对象的身体素质、运动基础、体育爱好也应在考虑的范围内。所选体育教学内容的难易安排、比重安排和顺序安排都应符合学生生长发育的规律及学生学习的规律。

4. 教学条件

开展教学活动的条件也是选择体育教学内容必须考虑的重要因素之一。由于不同地区、不同学校的发展情况和发展特点不同，不同地区的体育教学条件存在较大的差异，因此在选择体育教学内容时必须考虑现有的教学条件是否能满足所选运动项目的开展要求，如果不满足能否向学校申请创造该教学条件。只有合理地选择教学内容，才能促进学生的全面发展。

（二）体育教学内容的选择原则

1. 理论与实践结合

选择体育教学内容要注重理论与实践相结合的原则。这项原则的含义是体育教学工作者在选择体育教学内容时，要注意体育理论与运动实践的结合，以实践为主、理论为辅。因为体育教学内容主要是对运动技能的学习和身体锻炼，这些都属于实践部分的内容，学生只有反复参与体育锻炼活动，才能掌握运动技能、提升身体素质，教师才能达成教学目标。但体育教学内容又不仅包括实践教育，其还包括身体保健知识、科学锻炼知识、心理健康知识等与体育文化相关的知识。

2. 科学性与发展性结合

选择体育教学内容要注重科学性与发展性相结合的原则。选择体育教学内容既要考虑内容的科学性，又要考虑教学内容有利于学生的认知发展、身体发展。这一原则可以从以下四个角度理解。

（1）要符合不同年龄阶段学生身体成长发育的特点，有利于学生身体的健康成长和体能发展。

（2）要符合不同年龄、性别学生的心理特征，有利于培养学生的锻炼

意识和提高其心理素质。

（3）要符合学生的认知发展规律和技能掌握规律，科学有效地引导学生掌握运动知识、运动技能和锻炼方法。

（4）教学内容的选择既要丰富、全面，又要具有代表性，突出教学重点，符合学生学习的习惯和规律，有利于学生全面发展。

3. 统一性与灵活性结合

选择体育教学内容要注重统一性与灵活性相结合的原则。要坚持这一原则的原因有两个：一是由于我国人口众多，各地区的自然地理情况和气候条件差异较大，并且经济、文化和教育的发展水平不同，各院校开展体育教学的理念、条件和起点也不尽相同。二是就算在同一所学校，具备相同的教学条件，但教学对象也不一样，不同的学生其身心发展情况会有很大的差别，尤其是他们的运动基础、学习能力、理解能力、适应能力可能千差万别，表现出不同的特点。因此，我们必须在考虑社会条件和学生条件的基础上选择体育教学内容，使教学内容既具有统一性，又具有灵活性。

4. 健身性与文化性结合

选择体育教学内容要注重健身性与文化性相结合的原则。体育教学内容的健身性是体育学科区别于其他学科教学内容的突出特点，健身性是体育教学本质属性的体现。体育教学工作研究者在选择体育教学内容时，要根据学生的实际需求，以促进学生身体健康、增强学生体质为出发点，在内容的组织、设计与编排上都要全方位地体现其科学性。体育教学内容的文化性就是体育教学内容要有利于传播体育文化，深化学生对体育文化的认识，培养科学的、健康的体育运动习惯，树立正确的体育价值观，使之受到体育精神和体育道德的熏陶。将健身性与文化性相结合，就可以使教学内容既具有强身健体的价值，又具有传播文化思想的意义。

5. 民族体育与现代体育结合

优秀的传统文化需要继承和发展，而传承优秀传统文化是教学的重要任务。在选择体育教学内容时，体育教学工作研究者要吸收我国传统体育内容中的精华部分，使这些宝贵的人类文化遗产得以传承和发展。我国民族传统体育中的武术、骑马、射箭等都是我国人民在长期的生活实践中积累的宝贵文化遗产，是广大人民群众喜爱的体育运动方式，具有锻炼价值和教育意义。现代体育运动项目生动有趣，具有竞争性和挑战性，是众多青少年乐意选择的运动方式。因此，在选择体育教学内容时，要将现代体育运动项目与民族传统体育项目结合起来，建立一个优势互补、功能齐全的体育教学内容体系。

第二节　高校体育教学内容的层次

现行高校体育教学内容可分为两个层面，即宏观层面和微观层面。从宏观层面上讲，体育教学内容包括国家、地方和学校三个层次；从微观层面上来讲，体育教学内容可分为课程学习领域、课程水平目标、体育教学条件、体育练习方法四个层次。

一、宏观层面

1999 年 6 月，中共中央、国务院在召开全国教育工作会议时明确提出：要调整和改革课程体系、结构和内容，建立新的基础教育课程体系，试行国家课程、地方课程与学校课程。这一政策表明我国基础教育课程模式正在发生改变，在这之前类型单一的国家课程模式已经不适合新时代对人才培养和发展的需要，国家、地方和学校三级课程模式相结合的基础教育课程模式才是我国教育未来发展的正确方向。

国家、地方和学校三级课程是一个崭新的概念，是我国基础教育课程体系的有机组成部分。它不属于课程形态上的划分，这三级特点不同的课程没有高级与低级、重要与次要之分。课程由课程目标、课程设计、课程标准、教学内容等部分构成，因此教学内容是课程不可或缺的组成部分，也是课程标准的体现，但体育课程绝对不能用体育教学内容的概念简单替代。从体育课程资源的视角分析，体育教学内容可以说是体育课程资源中的重要资源内容，但很显然它也不是唯一的体育课程资源。事实上，体育课程资源种类丰富，除了体育教学内容以外，还包括体育教师资源、校园体育文化建设、校外体育资源等。根据以上分析，本书对体育教学内容宏观层面上的三个层次展开具体分析。

（一）上位层次

体育教学内容的上位层次包括国家课程和相关教学内容。国家课程和相关教学内容是由国家教育部门规定的统一课程和教学内容，这部分体育课程和教学内容的开发主要依据三个方面：一是不同教育阶段的性质，二是为培养目标制定的体育课程标准或体育教学大纲，三是为培养目标编写的教学内容。体育教学内容的上位层次的重要性体现为两点：首先，它是国家意志的体现，为提高人民的体育素质开发的体育课程和教学内容；其次，它是国家基础教育体育课程框架的主要组成部分，它所涵盖的教学内容和所占的课时比例与其他两个层次相比是最高的，因此它在很大程度上决定了我国基础教育中体育教学的质量和水平。

（二）中位层次

体育教学内容的中位层次是地方课程和相关教学内容。地方课程和相关教学内容是在国家规定的体育课程内，由省级教育部门或授权的相关教育教学管理部门根据当地的政治、经济、文化、历史、民族发展特色等因素开发的体育课程和体育教学内容。地方课程的优势在于地方教育管理部门对地方的体育教育资源、体育基础更加熟悉，因而能有效增强体育课程的地方文化特点，使教学活动的开展更符合当地教育发展的规律。

（三）下位层次

体育教学内容的下位层次是学校课程和相关教学内容。学校课程和相关教学内容开发的主要依据包括三个方面：一是在政策引导和教育理念上，以国家教育方针为指导，二是在主要内容设置上参考了国家或地方体育课程和教学内容，三是考虑学生的主要需求和学校课程资源的现实条件。学校课程和教学内容的开发强调以学校为开展课程教学和其他教学活动的主体和基地，必须充分尊重和满足学校师生的差异性和特殊性要求，特别要满足学生在国家课程、地方课程学习中没有得到的教育和发展需要。也就是说，学校课程和相关教学内容是在实施国家、地方课程和教学内容的前提下实施的，是在对本校学生的发展需求和发展特点进行评估后实施的，学校的体育工作者需要依据学校的办学思想，充分利用当地社区和学校的教学条件开发设计丰富多样的、可供教师和学生选择的课程和教学内容。

二、微观层面

从微观层面上讲，根据具体化的程度，教学内容可以划分为四个层次。

（一）第一层次

体育教学内容的第一层次就是体育课程标准规定的学习领域。例如，体育与健康课程标准规定的身体活动、运动兴趣、运动技能、心理健康、社会适应等学习领域。其中，身体活动也可称为身体练习，是体育学科明显区别于其他学科的鲜明特点，是体育课最低层次的教学要求。体育课必须完成锻炼学生身体、提高学生体质的任务，教师必须引导学生开展充分的身体活动，没有身体活动的课程不能称为体育课程；运动技能是体育教学内容中最重要、最核心的教学内容，课程标准也明确指出体育课程的性质就是技能型，体育运动的技能和方法同体育健康知识一样，都是体育课上学生应该学习的主要内容。

（二）第二层次

体育教学内容的第二层次其实是第一层次的具体化形式，也可以说是体育教学与内容的目标分析。例如，体育与健康课程标准规定的水平目标是掌握有关运动的基础知识，能正确说出某项运动动作的术语（如转头、踢腿、侧平举、体侧屈、弹踢、吸腿、坐位体前屈、手臂上举等）。

（三）第三层次

体育教学内容的第三层次是体育教学内容中用到的教具，是辅助教学的工具，包括软件设施和硬件设施，如多媒体设施、体育教材、乒乓球、乒乓桌、篮球、篮球架、足球、排球、羽毛球、铅球、单杆、双杠、高跷、接力棒等。

（四）第四层次

体育教学内容的第四层次是体育运动项目或技能的练习方法和练习手段，也是某项教学内容（如乒乓球）的下位教学内容，如练习教学内容（乒乓球运动的各种练习方法）、游戏教学内容（为练习乒乓球技能设计的相关游戏）、认知教学内容（与乒乓球运动相关的体育知识）。

第三节　高校体育教学内容的分类

一、高校体育教学内容分类的重要性

对整体内容进行研究分类的主要目的在于方便对这些内容进行整合与归纳，以此加深人们对内容的认识，方便开展对内容的进一步研究与实践。对体育教学内容进行分类，也是为了高校体育教学工作者在开展教学活动时，保证教学内容符合教学目标的要求，能够对教学内容展开更细致的梳理，同时建立完善的体育教学内容体系，进而合理安排教学工作。

由于体育学科的教学内容与其他学科的教学内容相比，其所涉及的知识和技能更加复杂，因此体育教学内容的分类一直是困扰我国体育教学工作者和体育教学研究者的主要问题。自从体育教学成为学校教学的重要组成部分且体育教学的发展受到越来越多的关注以来，体育教学的研究者就从不同的角度出发对体育教学内容进行了研究和划分。体育教学内容的划分是一项复杂的、具有挑战性的工作，这项工作的开展除了受教学内容本身的复杂性影响，还受到教学内容功能和教学内容价值的影响。

二、高校体育教学内容分类的基本要求

（一）符合社会发展需要

体育教学内容的制定和分类在顺应国家教育发展的基础上，要随着国家教育教学方针的变化和社会发展的需要不断变化。根据不同时代社会发展的特点和目标，对体育教学的内容进行改编和适当增删。

（二）符合学生发展需求

由于年龄、身体素质和运动基础的差异，针对不同教学对象设定的体育教学目标是有很大差别的，因此教学内容的分类也要因此进行改变。体育教学内容的分类必须在深入了解学生年龄和身心特点的基础上进行。

（三）符合体育学科本质

体育教学内容的分类是为体育教学活动的开展服务的，体育教学活动是一项实践性较强的活动，分类的正确与否需要在实际的教学活动中接受检验。体育教学内容的分类既要符合体育学科的发展要求，又要遵循体育教学内在的规律与逻辑顺序。因此，体育教学内容分类需要教学工作者树立整体化的教学观念，既要保证教学内容分类与教学目标、教学计划相吻合，又要与教学方法、教学评价相互影响、相互联系。

三、高校体育教学内容分类的注意事项

在进行高校体育教学内容分类的过程中，除了要了解分类的基本要求，还要充分考虑其他相关影响分类的重要因素，如教学内容的分类要具有科学性、阶段性和服从教学目标等，如图 3-2 所示。

（一）要具有科学性

高校体育教学内容的分类是指导体育教学活动开展的依据，也是实现体育教学目标的有效保证。因此，在对体育教学内容进行分类的时候，既要保证分类满足教学大纲和教学任务的要求，同时也要注意分类过程的科

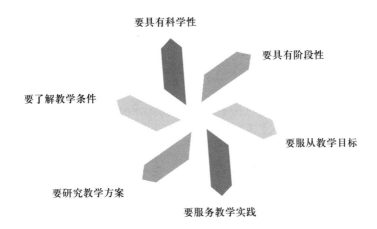

图 3-2 高校体育教学内容分类的注意事项

学性，用科学的原理和理论指导分类，这样才能保证分类的合理性、正确性，才能达到内容分类指导体育教学活动开展的目的。

（二）要具有阶段性

不同院校、不同专业对体育教学的课时安排有很大的差异，如有些学院只在大学一年级和大学二年级开设体育课，而有些学院大学四年都会开设体育课。学生的成长和需求具有阶段性，不同年龄段、不同年级的学生对体育知识和技能的接受能力和具体需求不同，再加上体育教学大纲对各个年级、各个专业学生的教学目标和学习要求也不尽相同，因此在对体育教学内容进行分类的时候，应当考虑这些阶段性特征，然后结合学生学习发展的阶段性规律进行教学活动的安排。

（三）要服从教学目标

高校体育教学内容的分类不是一成不变的，而是依据国家教育方针政策和教学目标不断调整的，国家对教学目标的要求是随着因社会发展导致的对人才培养需求的不同而改变的，所以并不存在一成不变的体育教学内容分类。因此，体育教学工作研究者和参与者在对体育教学内容进行分类的时候，要持续关注国家方针政策的变化、社会的要求，关注体育教学目标的更新，使教学内容的分类更好地服务于教学目标。

（四）要服务教学实践

高校体育教学内容的分类应为高校体育教学实践活动的开展服务。由于体育教学对实践性活动的开展要求较高，实践性是体育教学区别于其他学科教学的显著特征，因此在对体育教学内容进行分类的时候，尤其应该对体育教学内容的实践性强弱进行适当的划分。对于实践性要求较高的教学内容，尽量多安排实践活动；对实践性要求较低的教学内容，根据其特点多安排一些体育课程理论的传授，这样才能有效掌握体育教学内容的重难点，才能更好地完成教学任务。

（五）要研究教学方案

教学方案即教案，教案是指导教师开展具体教学活动的方案和步骤，是体育教学能够有计划、有节奏进行的前提条件，是教师在授课之前必须要做的准备工作。教案记录了本堂课的教学目标、教学重难点、教学方法和策略等重要教学内容。因此，研究和学习其他教师的优秀教案能帮助体育教师了解到有关体育教学内容的划分方法，能够有效提高教学质量。

（六）要了解教学条件

考虑到体育教学实践性较强的特点，为了保证体育教学实践活动的顺利开展，要为体育教学提供良好的物质条件，创造良好的教学环境。良好的物质条件是开展体育教学实践的基础，如在开展正常的体育教学活动时，学校体育管理部门需要为教师和学生提供单杠、双杠、跳绳、足球、毽子等能保证体育运动项目顺利进行的物质条件。如果没有这些物质条件，只凭借教师的描述和学生的想象，是不能让学生很好地体验体育教学的魅力的，体育教学也就不能发挥其发展学生身体、培养学生品质的重要作用。

舒适宜人的教学环境也是开展体育教学活动的前提条件，教师只有在宽敞、干净、低噪的教学环境中才能安心开展教学活动，学生才能认真聆听教师的讲解，并融入体育教学活动中。与此同时，适宜的教学环境还具有保障学生活动安全的重要功能，并且能够促进教师和学生之间的交流和互动。因此，在研究体育教学内容分类的过程中，首先要清楚地了解体育教学的条件，只有掌握了这方面的具体信息，才能对教学计划和教学方案进行可行性研究和制定。

四、高校体育教学内容的分类方法及分类示例

由于体育教学内容具有复杂化、多样化特点，体育教师需要完成的教学任务、达成的教学目标也是多方面的，因此体育教学内容的分类方法具有多样性和层次性的显著特征。体育教学内容在分类时可以划分为不同层次，不同的层次又可以采用不同的分类方法，但同一层次必须依据统一的分类标准进行划分，以保证相同维度之中"子项相加等于母项"的分类原则。根据当前的体育教学理论和实践研究，对体育教学内容的分类方法包括以下五种：依据人体基本活动能力分类法、依据身体素质分类法、依据运动项目分类法、依据教学目的分类法及综合分类方法。

（一）依据人体基本活动能力分类法

依据人体基本活动能力分类是较为常见的一种分类方式，它以人的基本动作技能为依据划分体育教学内容。这种分类方法的优点在于不受运动项目分类的限制，既有利于组合教学内容，也有利于学生学习各种身体动作和提高学生基本活动能力，其难度较低，比较适合体育运动基础较弱或者基础一般的学生。与此同时，也正是由于与运动项目关联性较弱，所以不利于学生学习运动项目技能，不利于激发学生参与竞技运动的兴趣和追求。依据人体基本活动能力分类法对体育教学内容进行分类的示例如图 3-3 所示。

（二）依据身体素质分类法

提高学生的身体素质是学校开展体育教学活动的目标之一。体育教学工作研究者受此项教学目标的启发提出了依据身体素质对体育教学内容进行分类的方法。这种分类方法是按照人体素质的各个组成部分对相关教学内容进行分类。此项分类方法的优点：在提高学生身体素质方面的教学内容分类明确清晰，有助于帮助学生了解各种体育运动项目在提高身体素质

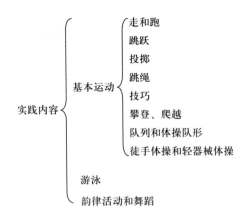

图 3-3　体育教学内容"人体基本活动能力分类法"示例

方面的作用，实现锻炼身体的目的。但这项分类方法并不是完美的，它的缺点在于体育锻炼的目的并不是单纯提高某一方面的身体素质，这样就显得分类不够准确，并且这种分类容易导致学生忽略体育教学内容的文化特性，不重视对体育文化的学习。依据身体素质分类法对体育教学内容进行分类的示例如图 3-4 所示。

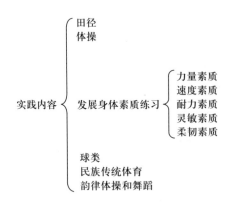

图 3-4　体育教学内容"身体素质分类法"示例

（三）依据运动项目分类法

依据运动项目对教学内容进行分类是十分常见的教学内容分类方法之一，这种分类方法主要依据运动项目特点对教学内容进行分类，如田径运动、球类运动等。运动项目分类法的优点：有利于教师根据运动项目的特点进行知识和技能的讲授，有利于学生对体育竞技文化的学习和理解。

与此同时，运动项目分类法的缺点：这种分类方法容易否定非正式的比赛项目或者一些发展还不太规范的比赛项目，即使是能够入选世锦赛、奥运会等国际大型赛事的正式比赛项目，也会因为其在技能、规则方面具有高要求、高难度的特点而不适合被选入一般的教学内容。这些项目不符合学生身心发展的要求，学校的师资队伍、器材设备等现实教学条件也无法满足此类项目的开展，因而必须对其规则和难易程度进行改革，使之符合体育教学内容的要求。改革后的教学内容会与原来的运动项目有很大的差异，不利于学生对该运动项目的理解和掌握。依据运动项目分类法对体育教学内容进行分类的示例如图 3-5 所示。

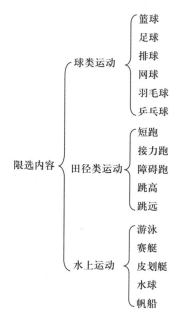

图 3-5　体育教学内容"运动项目分类法"示例

（四）依据教学目的分类法

依据教学目的对体育教学内容进行分类也是体育教学中比较常见的一种分类方法。它是以人为规定的体育教学应达到的教学目的进行分类的，如图 3-6 所示。

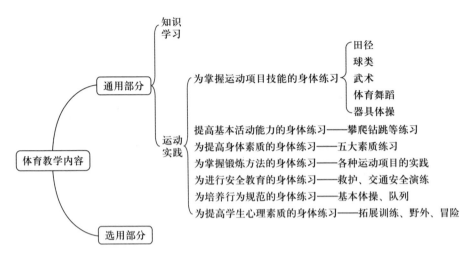

图 3-6　体育教学内容"教学目的分类法"示例

这种分类方法具有以下四个方面的优点。

第一，对能够满足多种教学需求的活动进行划分和归纳，使教学内容的目的性更加突出。

第二，既有利于改变原来以参加竞赛为教学目的的教学内容分类体系，也能有效传授竞技知识和相关技能。

第三，使复杂的体育教学内容不会产生重叠，在分类时可以让体育教育研究者保持头脑清晰。

第四，能有效地指导体育教学计划的制定和教学活动的开展。

（五）综合分类方法

这种分类方法是将体育教学的内容按照理论部分与实践部分、基本部分与选用部分（即必修部分与选修部分）、各运动项目的基本教学部分与提高身体素质部分的教学内容的差别进行综合与交叉的分类方法，如图 3-7 所示。

这种分类方法具有三个方面的优势。

第一，能够体现处于不同年龄阶段学生身心发展的特点和对体育健康课程教学效果的基本要求，有利于发挥体育教学的综合功能。

第二，能有效体现体育运动项目的共同特点，维护它们之间的系统性。

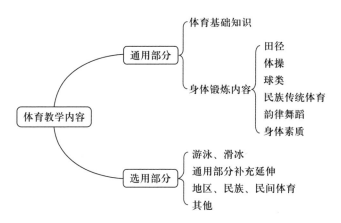

图 3-7　体育教学内容"综合分类法"示例

第三，将体育运动技能的培养和提高学生身体素质的练习结合起来，使学生既能掌握技术，又能加强身体锻炼。

综合分类方法也有其不足之处，那就是采用多种分类标准进行分类，违反了事物分类的基本原则。

第四节　高校体育教学内容的改革

随着素质教育模式在我国高校教育教学改革中影响的不断扩大，体育教学的内容应包括哪方面的知识和技能，学校和教师应如何配合开展体育教学工作来培养学生的体育意识、提升学生的素质水平等问题，已然成为人们日常讨论和关注的热点问题。要想真正提高体育教学的水平和质量，实现素质教育和终身体育的教育目标，对教学内容的改革势在必行。

一、体育教学内容改革的思路

（一）符合教育主体的需求和特点

1. 符合教育主体的特点

当代高校学生是学校教育的主体，他们的特点也很明显。高校学生的特点就是身心发展日趋成熟，尤其是身体方面的发育已基本完成，这为他们独立学习与生活提供了良好的生理基础；与此同时，高校学生已经具备较强的学习能力、掌握了一定的社会规范，且明白自己的兴趣所在和具体需求，对不同事物能做出自己独有的分析和判断。这不仅体现在他们拥有强大的环境适应能力和独自生活能力方面，还体现在他们能够利用自身所学并结合平常积累的生活经验积极参加社会实践活动，珍惜和把握锻炼自己、提升自己的机会。但他们的心理发展还不够成熟，他们的世界观、人生观、价值观还处于逐步形成的阶段，比较容易受到他人思想观念、言谈举止的影响。

2. 符合教育主体的需求

（1）符合教育主体对体育知识的需求。

随着时代的发展和社会文明程度的不断提高，当代高校学生的体育意识和健康意识也得到了明显增强。基础的体育知识和运动技能已经不能满足他们新的追求。他们希望掌握一些更加高级的、专业性更强的体育知识和健康知识，这些专业的、高级的体育知识能充实他们的学业生活，为接受终身体育教育打下坚实稳定的基础。

（2）符合教育主体健身健美的需求。

高校体育教学内容的改革应当符合高校学生对健身的需求。因为随着经济的飞速发展和科技的进步，社会各个行业、各个领域的竞争日趋激烈，人们的工作压力和生活压力不断增大，日常生活的节奏也变得越来越快，在这种环境和氛围中，人们经常忽视对自身的保养，不重视体育锻炼；生态平衡的破坏和各种环境污染也不利于人们身体健康。以上种种因素导致的直接后果就是当代人们身体素质的降低和各种疾病尤其是职业病的频发。因此，高校学生开始通过健身增强自身的抵抗力、完善自己的生活方式，最终达到强身健体、适应今后工作与生活的目的。

随着高校学生体育意识和健身意识的不断增强，拥有健康的体魄和健美的身材已经成为现代高校学生追求的目标之一。原来体育教学的开展是以传授体育的"三基"为中心，主要目的在于增强学生的体质，几乎不向学生传授与健美相关的知识和技能。当前随着物质水平的提高，高校学生的体育观念也发生了巨大改变，他们不仅期望拥有健康的体魄，还希望拥有美丽的形体，追求外表的美观，也是他们审美观念发展的结果。目前，参加健美活动在高校中已经成为一种时尚，健美操、韵律操、形体训练等健身健美项目，深受广大学生欢迎，这些项目在作为选修课项目出现时，往往受到很多学生的青睐，但开设的课程和教师的数量并不多。

（3）符合教育主体对娱乐活动的需求。

为了进一步鼓励高校学生主动、积极地去学习和掌握体育的知识和技能，高校体育教学内容的改革应符合高校学生对娱乐活动的需求。给人带来愉悦感是人们开展体育活动最原始的追求，如果体育不具备娱乐功能，那么体育也就失去了它原本的魅力。高校学生正处于一个好奇心旺盛、喜欢探索、喜欢享受生活、追求快乐的年龄阶段，他们参加各种体育活动不仅是为了锻炼身体，也是为了愉悦身心、陶冶情操，使自己感受体育的魅力和生活的美好。培养学生参加体育活动的兴趣，帮助学生从体育运动项目中找到锻炼的乐趣，是学校体育教学工作的主要目标之一。

（4）符合教育主体对终身体育的需求。

为了进一步传播终身体育的教育理念，尽早实现全民健身，高校体育教学内容的改革应符合教育主体对终身体育教育的需求。终身体育教育理念的科学性、合理性已经得到了广大高校学生的认可，他们希望不仅在学校可以参加体育锻炼，在毕业参加工作之后，依旧可以独立开展体育活动，甚至组织他人一起参与锻炼，共同发展和进步。因此，高校体育教学内容改革应注意增加与终身体育相关的知识和技能。

（5）符合教育主体对竞技体育的需求。

随着人们生活水平的不断提高和精神世界的发展，参与体育运动、掌握运动技能已经成为一种社会时尚。高校学生在这种社会环境和社会风气的影响下，在享受体育锻炼提高身体素质的同时，也逐渐开始重视培养自己的体育兴趣和运动特长，愿意花费时间和精力学习体育运动知识，掌握一些运动技能。竞技体育本身具有鲜明的娱乐性、竞争性和人文性等特征，参加竞技体育有利于培养学生正确的竞争参赛意识、集体合作意识，以及拼搏精神等，这些都是有利于高校学生身心全面发展的因素。

（二）增设体育健康教育相关内容

学校体育教学工作开展的根本任务是增强学生的体质，使学生的身体保持健康。为此，学校体育教学工作的开展有必要走锻炼身体和健康保养的道路，在教学内容中增设体育健康教育的内容，如向学生讲解身体健康的重要性，如何做才能更好地保持身体的健康和自身的活力。在选择教材内容时，要增加一些学生乐于参加、有利于身心健康发展的运动项目，删减一些难度系数比较大、比较枯燥的训练项目。此外，还要根据学生的身心特点和情绪变化为开展学生心理健康教育创造条件。

（三）体现地区发展与学校办学特色

在改革高校体育教学内容的过程中，教师要认真研究教学大纲中的教学要求，使体育教学活动的开展满足学生个体发展的需要。各院校要根据《全国普通高等学校体育课程教学指导纲要》中的规定并结合本区域的地理特点、气候特点、体育传统及本学校的教学条件、师资水平、学生基础等情况，自主选择和设计教学内容，体现地区发展特色和学校办学特色。

二、体育教学创新内容体系的构建

当前，我国的高校体育教学以传授体育运动技术为主要教学内容，这种做法并不能很好地完成教学目标。要想真正达成现代高校培养全面发展人才的教学目的，就应根据以上改革建议构建新的体育教学内容体系。新的教学内容体系应秉持以人为本的教学思想，逐渐淡化竞技教育，更注重发展学生的个性和特点，增强学生终身体育的意识，培养学生良好的运动

习惯。构建新的内容体系应注意以下三个方面的内容改革。[①]

（一）多样性和可接受性

上文已说明高校体育教学内容的更新需要考虑学生的多样需求、社会对新型人才的需求、学生的身体条件和运动基础、学校的教学条件等因素，要综合选择一些非竞技类的体育运动项目，增加健美体育类和娱乐体育类的运动项目，如健美操、健身操、形体训练等，传播健身思想，培养健身意识，加强对健身方法的传授，提高学生的体育能力。从改革的深度来说，要注意教学内容的难度既不能太高，也不能太低，要有利于学生理解和接受。综上所述，教学内容既要具有多样性、全面性，又要突出健身性、娱乐性、实用性等特点，主要是能吸引学生主动参与体育锻炼，满足个体成长及社会发展的需要。

（二）体育项目的简单化和运动项目的综合化

为了降低高校学生参与体育锻炼的难度，同时满足他们对体育知识和技能的需求，高校体育教学内容中一些难度较大、技术性较强、较为专业的项目应该被简化，体育教学工作者可以尝试把几个联系密切的运动项目综合成一个项目来教学。例如，把篮球运动中的移动技术、运球技术和短跑项目结合在一起训练，把足球的运球技术和中长跑项目结合起来训练。

（三）更新竞技体育内容

在选修内容上，应继续加强传统竞技体育项目如篮球、排球、足球等的教学发展力度，同时，根据学生的需求和国家体育事业发展的规划将游泳、网球、羽毛球、乒乓球等竞技体育项目增加到体育教学的内容中。这样既能满足高校学生对学习竞技体育的需求，又能为国家体育事业培养运动型、知识型人才。

---

① 高立群，王卫华，郑松玲.素质教育视域下大学生体育教学改革研究［M］.长春：吉林人民出版社，2019.

第四章 高校体育教学的方法

第一节 高校体育教学方法阐述

在开展体育教学活动的过程中，体育教师对教学方法的选择和设计是影响学生学习兴趣、完成体育教学目标、培养师生关系的重要影响因素，所以研究和发展体育教学方法是很有必要的。

一、体育教学方法基本理论

（一）体育教学方法的含义

1. 教学方法与教学目标联系紧密

所有的教学方法都具有其目标性，在开展体育教学活动时，如果教学方法的应用脱离了教学目标，那么教学方法也就失去了其存在的意义。因为体育教学方法作为体育教学的重要组成部分，是为了完成教学目标而实施的。体育教学方法和体育教学目标是不能分开的两部分，如果强行将两者割裂开来，那么体育教学方法将失去实施的方向，实施起来就会变得没有意义。体育教学目标如果脱离了体育教学方法，就会变成一句空话，无法有效实现。因此，体育教学目标必须和体育教学方法保持紧密的联系，体育教师应确保自己选择和运用的教学方法能够有效促进教学目标的实现和教学任务的达成。

2. 教学方法是教与学的统一

体育教学方法是"教师的教"与"学生的学"的结合统一，这意味着体育教学方法的开展在于教师和学生之间进行有效的双边互动。只有教师与学生之间实现了有效的双边互动，才能发挥体育教学方法的价值与作用。任何教学活动的开展都可以理解为"教师的教"和"学生的学"两个方面的层次和内容，教师是主导，学生是主体，教师为学生服务。体育教学方法和手段是由体育教师选择和设计的，教学方法和手段实施的对象都是学生，因此教师和学生之间具有密切的关系，教与学两方面的层次和内容存在于教学方法开展的整个过程。在教师与学生的双边互动中，体育教学的目标和任务逐渐完成。

3. 教学方法具有多元化功能

由于现代体育教学活动的开展依据是终身体育的教育思想，所以整个教学活动不仅注重知识和技能的传授，培养学生的体能，提高学生的身体素质；更注重学生心理素质的培养和全面发展。因此，体育教学方法也具有多元化的功能，它不仅能提高学生的体育运动能力，还能培养学生的竞争意识、健身意识，提高学生的心理素质，对学生的全面发展具有重要的促进作用。

（二）体育教学方法的特征

1. 实践性

体育教学方法与其他学科的教学方法相比，最大的特点就是实践性。体育教学方法与体育教学实践是不可分割的两部分。虽然体育教学方法中有一部分方法是依靠教师的讲解和展示，如直观教学法、讲解法等，但这些方法一般都是搭配其他具有实践特征的方法共同使用的，并且这些方法的运用必须根据室外体育教学的各种环境、条件等情况加以调整，否则就不适合体育教学的开展。

体育教学活动开展的主要方式是开展运动活动，运动活动关系到学生对自身身体的感受，这种感受不仅受学生当时身体和心理状态的影响，还受外在环境等客观因素的影响，因此体育教师在选择和安排教学方法时，一定要结合体育教学活动开展的实践特点进行，而不只是停留在理论层面。此外，体育教学方法的有效性也需要体育教学实践的检验。

2. 身心共同参与性

体育教学方法的身心共同参与性是在开展体育教学活动、应用体育教学方法的过程中，教师需要学生身心配合才能完成教学目标。因为学生学习体育项目这一活动本身就是一个复杂的认知过程，在这一过程中学生要想实现对动作技术的掌握不仅需要动用感官思维、脑思维和心思维，还要结合具体的身体练习。因此，体育教学方法也是感知、思维和身体练习相结合的过程，在这个复杂的过程中，学生首先需要接收信息如眼睛和耳朵，将从外界接收到的信息传送到大脑皮层；其次大脑整理、分析和加工收到的各种信息；再次大脑根据整理后的信息指挥人体的肢体完成相应的动作；最后通过动作的不断重复，使学生在大脑中建立起相应的动作模型，实现动作的自动化和肌肉记忆，同时掌握相应的动作技术。

3. 运动与休息的交替性

在开展体育教学活动时，学生的大脑和身体在经过一段时间高强度的学习和锻炼后由于能量消耗过多，就会产生疲惫感，同时学习的效率也会降低，此时如果教师不安排适当的休息时间让学生恢复身体，就不利于其他教学活动的开展。因此，体育教学方法注重运动与休息的交替，只有使学生的身体有所恢复，才能保证其较高的学习效率和运动效率。当然此处的休息并不一定是停止一切身体活动，教师也可以通过开展一些放松身心的活动来帮助学生减轻疲劳、恢复体力。

4. 时空功效性

体育教学活动的开展可划分为不同的阶段，在不同的发展阶段中，体育教学呈现出不同的特点，这种特点就是时空功效性。在教学的开始阶段，教师处于主导地位，随着教学活动的开展，学生的主体地位逐渐凸显出来。

在教学活动推进的过程中，教师的教学方法都发挥了重要作用。例如，在开始阶段，对学生学习兴趣、动机的激发需要教师选择合适的方法；在此后的学习阶段，教师要通过动作示范、技能知识讲解等教学方法使学生理解和掌握相关知识技能；学生在学习和练习的过程中，要通过一定的方法来感知和掌握相关知识技能。

5. 继承发展性

所有体育教学的方法都是在长期的教学实践中创造出来的，是在众多体育教育学者的共同努力和钻研下产生的，经过多年的积累与发展，这些教学方法组成了内容丰富、种类多样的体育教学方法体系。很多教学方法因为其有效性一直以来都被应用于体育教学中，经过多年的教学实践依然保持着其强盛的生命力。像这部分有效的教学方法就需要人们不断地进行整理、归纳和借鉴。在继承传统教学方法的基础上，一些新的教学方法随着教学内容的更新也不断被提出，这种做法也在一定程度上完善了体育教学方法体系。需要注意的是，在众多的体育教学方法中，体育教师不能过于相信现代化的教学方法，更不能刻意模仿国外的教学方法。体育教育工作者应基于具体的教学实践，结合时代发展和社会需求，对教学方法进行开拓创新。

（三）体育教学方法的分类

1. 视觉信息类

视觉信息类体育教学方法是体育教师指导学生通过视觉来获取有关教学知识的教学方法。这一类教学方法的信息源是多种多样的，有的是人体本身，有的是实物教具。学生根据此方法获取的知识具有鲜明生动、具体形象的特征，是学生理解教学知识和技能必不可少的途径。根据信息源的不同，视觉信息类体育教学方法又可分为以人体本身为信息源的教学方法和以实物教具为信息源的教学方法。

（1）以人体本身为信息源的教学方法。

以人体本身为信息源的教学方法又可以根据教学活动的参与者分为以体育教师为信息源的体育教学方法和以学生为信息源的体育教学方法。

以体育教师为信息源的教学方法其内容主要是体育教师通过示范、眼神、手势、步伐等多种方式向学生展示体育教学信息。其中，对于运动技能的教学来说，体育教师的动作示范是十分重要的。体育教师的动作示范为学生提供了直观生动的教学信息，体育教师动作示范的方法根据运动技能的教学特点可以分为两大阶段：在运动技能教学的第一个阶段，教师为了激发学生的学习兴趣，帮助学生正确认识运动表象，教师的动作示范应该具有完整性、准确性、优美性的特点，在动作展示的过程中应注意速度不能过快，要选择适当的示范位置，保证每位学生都能看清楚、看明白。在运动技能教学的第二个阶段，为了改进和提高动作水平，提高学生的判断与分析能力，体育教师可以对动作进行分解示范、慢速示范和正误对比示范。

以学生为信息源的教学方法其内容主要包括教师通过观察学生的动作、表情、步伐、体态等多方面的表现掌握学生的学习情况，提高学生的学习效果。其中，身体练习的方法也可根据运动技能的学习阶段灵活变化。在运动技能学习的第一个阶段，学生只要能完成基本的动作技能，不出现明显的动作错误即可；在运动技能学习的第二个阶段，学生应该能较为准确、熟练地完成整个动作技能；在运动技能学习的第三个阶段，为了巩固之前的学习，学生应该在条件变化的情况下仍能熟练、准确地做出动作。

（2）以实物教具为信息源的教学方法。

在开展体育教学活动时，以实物教具为信息源的教学方式包括放映与体育运动相关的幻灯片、录像、电影，演示教具模型，张贴教学挂图，设置不同功能的标志物等。其中，幻灯片、录像、电影、挂图等主要给学生提供运动技能结构和形象的信息，学生可以仔细认真地观察动作的细节变化，从而提高对动作的认知程度。在体育教学场地设置的标志物等起到的作用是给学生指示动作的方向和幅度。

2. 听觉信息类

听觉信息类体育教学方法是体育教学活动参与的对象主要通过听觉获

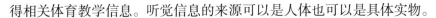

得相关体育教学信息。听觉信息的来源可以是人体也可以是具体实物。

（1）以人体本身为信息源的教学方法。

把人体本身发出的听觉信息进行分类，主要可分为外部信息和内部信息两类。外部信息包括知识讲解、评价、口令、击掌等，内部信息则是外界听不到的信息，多为个体自身的自我暗示。体育教师主要使用外部信息开展教学活动，而学生则会同时运用内部和外部两种信息展开学习活动。具体分析如下：

第一，教师的讲解。讲解主要是教师通过语言描述向学生说明需要掌握的动作技术、练习方法、自我保护方法的教学方式，也是对学生进行思想素质教育的一种方式。具体讲解的方式包括复述法、提问法、概要法、对比法、联系法、侧重法、比喻法、引证法等。

第二，教师的口令。教师的口令是最简单明了的教学语言，特点是以命令的方式向学生传递信息。在开展体育教学活动的过程中，体育教师经常需要用喊口令的方式带领学生做运动。喊口令是体育教师的基本功，体育教师在喊口令时应做到声音洪亮、口令准确，让每位学生都能听清楚。

第三，教师击掌。教师击掌是教师双手相击发出声音帮助学生掌握锻炼节奏的教学方法，如有些体育教师在教授健美操时会用击掌的方式帮助学生找到节拍。

第四，师生评价。这种教学方法是教师使用口头语言对学生的行为动作进行评价或者学生之间互相使用口头语言评价的教学方法。口头评价按照评价的时间可分为两种：即时评价和延时评价。但是从信息接收的有效性和效果来看，体育教师应多采用即时评价方式。

第五，自我暗示与默诵。这种教学方法是体育教师或学生运用身体内部没有声音的语言开展体育教学活动的方式。例如，教师在上课之前先在头脑中想好今天要讲授的内容及具体的方法，学生在做动作之前先想好怎么做，然后再去训练。自我暗示是学生使用不出声的命令告知自己应该怎么做，如在跑步训练中暗自给自己加油"马上就到终点了""再坚持一下"，这一方法也可用作心理放松练习。

（2）以实物本身为信息源的教学方法。

第一，使用录音机或者蓝牙音箱等设备作为听觉信息源开展教学活动。体育教师可以播放做操的口令，指挥学生做操；也可以播放一些具有节奏感的音乐歌曲，指挥学生练习健美操、韵律操、舞蹈等。

第二，可以使用口笛指挥学生练习，开展体育教学活动。口笛是集体练习常用的一种教学工具，具有声音响亮、短促的特点，因而能迅速被学生捕捉到。不同的笛声代表不同的指令，学生根据教师的笛声做出指定的动作。

第三，可以使用节拍器指挥学生做动作，开展教学活动。节拍器的使用对于学生掌握准确的动作节奏和动作速度具有深刻的教学意义。

二、体育教学方法的选择与应用

（一）选择恰当的体育教学方法的意义

就目前体育教学方法发展的情况来说，体育教学方法的内容体系是十分丰富的。这其中不仅包括前人辛苦总结的经验方法，还有很多根据体育教学的发展开发出来的新的教学方法。在开展体育教学活动的过程中，体育教师能否根据教学实践情况选择恰当的体育教学方法，是保证教学活动能否顺利进行和衡量最终教学质量的重要因素，同时也是提升教学效果的基础。

教学方法是教师在开展教学活动时的辅助手段。依据这一观念，体育教学方法是体育教师行使权利和履行义务的教学工具，工具的选择肯定会影响教学的质量。因此，体育教师不仅要学会各种正确的教学方法，还应具备在工作实践中选择、应用教学方法的能力，这样才能更有效地开展教学活动、提高自身的教学水平。

具体分析，体育教师要根据教学大纲、教学任务等多方面的教学因素选择最恰当的体育教学方法开展教学活动。在此基础上，还要对教学方法的组合进行研究试验，这样才能更好地丰富教学手段，从而提升教学效果。

（二）选择体育教学方法的主要依据

体育教学方法的选择一直是体育教师备课时的重点和难点，每位体育教师都要锻炼和提高自身选择恰当教学方法的能力。在选择体育教学方法的过程中，存在很多影响和限制选择的主客观因素，如教学内容、教学条件、教学环境等。体育教师要结合各方面的影响因素对教学方法进行筛选和应用，如图 4-1 所示。

图 4-1　选择体育教学方法的主要依据

1. 根据课程的目的和任务选择

不同体育课程的教学目的和教学任务是不一样的，在选择体育教学方法时要考虑教学目的和教学任务的指导作用。例如，如果本节课的教学任务是向学生讲解一些与体育运动项目相关的知识，就可以选择在其他学科教学中也会用到的"内容讲解法"；如果本节课的教学任务是教授一些体育运动的技能和技巧，就要采用体育课堂独有的"动作示范法""演示法"；如果本节课的教学任务是安排学生进行运动项目的练习和复习，就可以选择专门用于动作练习的"练习法";如果本节课的教学任务是提高学生的合作精神和竞争意识，就可选择"比赛法"等。

2. 根据教学内容的特点选择

在体育教学中，不同类型的教学内容，需要采取不同的、适合此项教学内容的体育教学方法。例如，在教授体操、游泳、滑雪、篮球等技术类运动项目时，需要采用"分解教学法"，在进行器械操作教学时，也应该分步骤讲解，采用"分解教学法"；在进行像跑步、跳高、跳远、标枪等运动时间较短且动作连贯性很强的运动项目教学时，需要采用"完整教学法"；对于一些需要进行大量且重复练习的运动项目，则可以采用"循环教学法"；对一些需要天赋和理解力的球类运动项目，则要采用"领会教学法"。总而言之，体育教师需要在仔细研究教学内容的基础上，根据教学项目的特点和要求创造性地选择体育教学方法。

3. 根据教学的时间和效率选择

在开展体育教学活动的过程中，每一项教学任务所需要的教学时间和实际的教学效率都是不一样的。例如，实践法往往比讲解法要花费更多的时间，分解法比完整法花费更多的时间。但针对运动技术和技能的教学来讲，实践法比讲解法的教学效率更高。因此，体育教师在选择教学方法时，要充分考虑每一种教学方法需要占用多少课堂时间，大概能达到的教学效果或者最终的教学效率。恰当的教学方法往往是时间和效率的完美结合，体育教师能够把握课堂节奏，在规定的时间内完成教学任务，取得较好的教学成果，这就对体育教师全面认识和掌握体育教学方法、组合体育教学方法的能力提出了新的要求。

4. 根据学生的实际情况选择

体育教师选择和使用体育教学方法开展体育教学活动的目的是帮助学生更好地学习体育运动知识和技能，从而实现体育教学目标、完成体育教学任务。因此，体育教学方法注重学生的学习效果和对体育知识的掌握情况。在选择体育教学方法时，要充分考虑学生的发展特点和实际需求，考

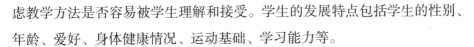

虑教学方法是否容易被学生理解和接受。学生的发展特点包括学生的性别、年龄、爱好、身体健康情况、运动基础、学习能力等。

5. 根据教师的实际情况选择

教师是教学方法的选择者和实施者，任何一种教学方法只有充分与教师自身的教学能力和特点紧密结合时，才能取得比较理想的教学效果。有的教学方法虽然比较完善、实施起来效果很好，但教师如果对该方法的理解和掌握并没有达到一定水平，无法将其正确运用到教学活动中，也就不能有效地完成教学任务。因此，体育教学方法的选择必须要考虑教师的自身情况。例如，有些教师的语言表达能力和逻辑思维能力较强，就应多使用专业、形象、生动的语言阐述体育知识和问题；专业运动技能实力较强的体育教师，就应多采用演示法和示范法开展教学。

（三）体育教学方法选择与应用的原则

体育教学方法作为体育教师在开展体育教学活动中的重要手段，发挥着越来越重要的作用。再加上《意见》对教学工作开展的要求，体育教学方法在体育教学活动中的应用受到了体育教学工作研究者的重视。根据实践研究反馈，体育教学方法的选择和应用应严格遵守以下四项基本原则。

1. 目标性原则

教学方法是为开展教学内容、实现教学目标而服务的，教学目标为教学方法的选择指明了方向、提供了依据，教学目标的实现又验证了教学方法的有效性。因此，体育教师在选择和应用体育教学方法时一定要保证教学方法的目标性，首先通过研究和讨论了解教学目标的意义和内涵，然后再思索选择什么样的教学方法才能实现教学目标，在具体实施教学方法的过程中又应该注意什么问题。只有保证教学方法的目标性，才能保证教学活动开展的方向性，才能顺利完成教学任务。

2. 有效性原则

体育教师在选择教学方法的过程中，还要考虑教学方法在实施过程中的有效性，即如果在教学实践中使用这种教学方法能达到教学目标、完成教学任务的可能性。有些教学方法由于操作步骤多、花费时间长，在实施的过程中可能会干扰到其他教学任务的进行，降低整体的教学效率，那么这种教学方法就失去了其在教学中的有效性，从而不利于教学活动的顺利开展。

3. 适宜性原则

任何一种教学方法都有与之相适应的教学环境和使用对象。教学环境包括教学条件、天气状况等。这要求体育教师需要根据现有的教学条件，如教学场地、器材设备等选择和设计教学方法，还要考虑每天的天气变化选择室内教学方法或室外教学方法。教学方法与使用对象的匹配度可以从两个角度进行论述，一方面是教学方法与教学主体学生之间的匹配度，另一方面是教学方法与教学活动的主导者教师之间的匹配度。教学方法与教学主体学生之间的匹配度是教学方法的选择应考虑学生身心发展的规律和特点，如在对高校学生开展体育教学活动时，由于他们的知识水平和认知能力较强，教师可以采用运动原理讲解法与动作技能演示法相结合的教学方法对体育知识技能展开讲解与介绍。教学方法与教学活动的主导者教师的匹配度则是考虑到每种教学方法的实施都对教师的自身素质有不同的要求，只有两者相互适应，才能最大限度地发挥教学的优势。

4. 多样化原则

体育是一门内容和结构都比较复杂的学科，体育内容的复杂性不仅体现在体育教学知识和运动项目技能的多种类，还体现在同一运动项目包括不同的技能技巧。体育教学方法的内容也很丰富，并且每一种教学方法都有其相对应的功能和作用。因此，体育教师要综合考虑体育教学的内容与方法的结合，尤其是同一教学内容下对多种教学方法的组合和应用。多种方法组合才能发挥体育教师开展教学的优势。具体分析，多样化的方法选择和组合不仅使体育课堂更加生动和丰满，还能很好地调节课堂气氛，激发学生学习体育的积极性和主动性，集中学生的课堂注意力，实现提高教学水平、提升教学质量的目的。

第二节　高校体育教学方法的实施过程

一、体育教学方法实施过程的基本内涵

（一）体育教学方法实施过程的含义

目前，体育教学工作研究者针对体育教学方法实施过程的研究达成了三点共识。

第一，这一教学方法实施过程是实现体育教学目标的过程与途径。

第二，这一教学方法实施过程是学生学习体育健康知识、体育运动技能、接受素质教育的过程。

第三，这一教学方法实施过程是有组织的程序和有计划的安排。

根据以上共识，本书对体育教学方法实施过程的概念做出如下定义：

体育教学方法实施过程是为实现体育教学目标而计划的，是学生掌握体育健康知识、体育运动技能和接受素质教育的教学程序。

（二）体育教学方法实施过程的性质

1. 引导学生学习知识和形成运动认知的过程

体育学科是人文学科和自然学科内容交叉的一门综合性学科，在以掌握体育知识和运动技能为主的体育教学方法实施过程中，学生也会学到许多其他方面的知识，如身体保健知识等，学习这些知识有助于加强学生对体育运动的认知，有时对这些知识的学习和认知还会成为学生掌握运动技能、提高运动素质的基础，因此可以说体育教学方法的实施过程是引导学生学习知识和形成运动认知的过程。

2. 引导学生掌握运动技能的过程

体育教学方法实施过程是引导学生掌握运动技能的过程，这也是体育教学方法实施过程最显著的特点。其他学科如语文、数学、生物都属于知

识类学科，知识类学科的教学过程主要是教师引导学生通过理解概念及运用判断、推理等掌握科学知识并发展智力、培养能力，而体育学科主要是引导学生通过不断参加体育锻炼掌握运动技能，所以本章把体育教学方法实施过程理解为引导学生掌握运动技能的过程。

3. 引导学生提高运动素质的过程

引导学生提高运动素质是帮助学生掌握运动技能的基础，同时不断训练大肌肉群的体育锻炼活动也能提高运动素质，掌握运动技能和提高运动素质是相辅相成、相互促进的关系。因此，体育教学方法实施过程可以理解为一个通过不断提高学生运动素质来增强学生体能的过程。体育教师在确定体育教学方法时，不仅要重视学生对运动技能的掌握，还要关注学生运动素质的提高，要在设计方法、选编内容和把握进度等方面将两者有机地协调起来。

4. 引导学生体验运动乐趣的过程

对于学生来说，学习体育的过程从生理上来讲是一个身体改造的过程，身体产生的任何改变都伴随着苦、累甚至伤痛等不好的体验，但与此同时，这个过程也充满了乐趣，这种乐趣不仅可以从身体上感受到，还能从心理上感受到，这种乐趣是体育魅力的体现，是引导学生树立参与体育锻炼意识的重要途径和发展终身体育教育的重要基础。因此，本书把体育教学方法实施过程设定为引导学生体验运动乐趣的过程。

5. 引导学生进行集体学习和思考的过程

"集体学习"是体育教学方法的主要形式，这是因为很多体育运动项目如篮球、足球、排球等是在集体的形式下完成的，因此体育知识和技能的习得与掌握也需要在集体性学习和集体性思考的过程中进行。与此同时，当前体育教学目标也越来越指向学生的集体学习，主要是期望获得集体教育的潜在作用。体育教学方法中的集体学习和集体思考也是加强师生互动、生生互动与交流，培养学生人际交往能力和社会适应能力的途径，因此本书把体育教学方法实施过程理解为一个学生集体学习和集体思考的过程。

二、影响体育教学方法实施过程的五大因素

认识了体育教学方法过程的基本内涵，我们再来了解一下影响体育教学方法过程设置的五种因素，即体育知识学习与运动认知过程、体育运动技能形成的过程、运动负荷变化与控制的过程、体育学习集体形成与变化的过程、体育学习体验运动乐趣的过程。

（一）体育知识学习与运动认知过程

在体育教学中，教师教授的内容包括身体健康知识、身体锻炼知识、常规运动知识等，由于此类知识在其他学科学习中无法获得，所以在体育教学中培养的关于此类知识的认知也是其他学科不能替代的。在体育教学方法实施过程中树立运动认知可分为以下三个阶段。

第一，因感性认知形成的基础感性认知阶段。

第二，因理性概括形成的理性认知阶段。

第三，将理性认知实践于各种运动情景的应用阶段。

体育教学方法实施过程中特有的运动认知体系包括不断提高学生对物体、自我、客观环境因素进行识别和控制的能力，这属于智力的一种，即"身体—动觉智力"。这种智力主要指个体掌控和运用自己身体的能力，主要表现为个体在遇到某件事情时能否控制自己的身体并做出恰当的反应，以及个体是否善于利用身体语言表达自己的思想和情感。"身体—动觉智力"由三项核心能力组成：

第一，有效控制身体运动的能力。

第二，运用身体熟练操作物体的能力。

第三，体脑协调一致的能力，即想做什么，身体能根据指令完成相应任务的能力。

综上所述，由于体育学科具有独特的运动认知过程和运动认知体系，所以体育教学方法的实施需要遵循体育知识学习和运动认知规律。

（二）体育运动技能规律

体育教学的目标之一就是让学生学会并熟练掌握运动技能，而学会一项运动技能需要经历不知道到了解、了解到不熟练、不熟练到熟练的过程。学习体育运动技能的过程也包括以下三个阶段。

第一个阶段：粗略掌握动作阶段，这一阶段学生已掌握动作的大概步骤，做出的动作没有明显错误。

第二个阶段：改进动作阶段，这一阶段学生能在限定条件下正确地做出整个动作。

第三个阶段：动作巩固和运用自如阶段，这一阶段学生已经能在改变条件的情况下流畅、准确地完成整个动作。

在实际的体育教学活动中，这三个阶段可能会受不同因素的影响，如学生的运动基础、身体条件，教师的教学能力和教学经验等。在实际的课程安排上，体育教师不可能十分准确地划分出这三个阶段，但从学生对运动技能的学习规律上看，对体育教学方法的实施要遵循运动技能形成规律。

（三）运动负荷变化与控制规律

体育教学方法是教师指导学生通过身体练习来完成体育教学任务的过程。身体练习会产生一定的生理负荷。根据研究表明，在一定程度内，学生身体承受的生理负荷越大，体能提高的效果也就越明显。根据人体生理机能活动能力变化规律，体育教学过程中学生承受的运动负荷要与人体机能变化相匹配。

在对体育教学方法实施的过程中，教师对运动负荷的控制可分为三个阶段：

第一个阶段：热身和逐渐加强运动负荷阶段。

第二个阶段：根据学生的承受能力、教学需要等因素调整和控制运动负荷阶段。

第三个阶段：降低运动负荷，恢复体力阶段。

与此同时，在实施具体的体育教学方法和控制学生运动负荷的过程中，

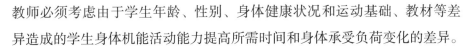

教师必须考虑由于学生年龄、性别、身体健康状况和运动基础、教材等差异造成的学生身体机能活动能力提高所需时间和身体承受负荷变化的差异。

（四）集体学习规律

集体学习规律主要是在体育教学方法实施的过程中，教师通过引导学生开展集体合作、相互配合并达到教学目的的过程。因为体育运动项目和体育活动大多是以集体形式开展的，所以集体性学习体现了体育学科的特点和教学的目标指向。因此，体育教师在选择和设计体育教学方法时要注意突出学生体育学习的集体性规律。例如，采用分组教学的组织形式和训练模式、研究集体性学习的评价方法、把集体教育思想融入体育学习中等。

除此之外，体育教师还要了解体育教学方法中集体教育的过程：

第一，组成集体，对学生开展集体意识教育，培养学生的集体荣誉感，这是集体学习的初级阶段；

第二，巩固集体，在学生了解集体学习概念之后，组织学生接受集体教育，这是集体学习发展的第二阶段。

第三，集体成熟，此时在一定经验和方法的积累下，学生能够自觉开展集体性活动，这是集体学习发展的第三个阶段。

第四，集体分解，集体在发展到一定阶段后开始分解，并且尝试组成新的学习集体，这是集体学习发展的最终阶段，但这并不意味着集体学习的结束，而是集体学习的重新开始。

（五）运动乐趣规律

在体育教学中，体育教师要采用各种方法把教学活动设计得生动有趣，从而让学生不断地体验体育运动的乐趣，这是培养学生体育兴趣爱好、掌握运动技能的首要条件，也是学生培养运动特长的前提条件，更是在体育教学方法实施过程中一直要遵循的客观规律。体育本身就是充满无限乐趣、能给人带来欢乐的运动，学生对体育的乐趣追求有助于学生参与体育学习与训练，教师要充分重视学生对体育的兴趣，利用这种兴趣使体育教学成为充满乐趣的过程，进而达成体育教学目标，完成体育教学任务。

三、体育教学方法实施过程的优化

学习和研究体育教学方法的最终目的不是要了解体育教学方法的理论知识，而是要学会用理论知识指导实践教学，从而提升体育教师的教学水平和学生的课堂学习效率。但要达到这个目的，只学习体育教学方法的一些基础理论知识是不够的，还要了解和掌握有关教学过程优化方面的知识。苏联著名教育学家巴班斯基提出的教学过程最优化理论是体育教学方法实施过程优化基础理论的来源。[①]

与此同时，在这个信息膨胀和经济快速发展的时代，人们越来越重视如何用最少的资源达到最高的生产效益，从而获得发展的先机。这一观念同样适用于当前教育事业的发展。特别是在新一轮基础教育课程改革创新的时代背景下，对体育教学方法实施过程的优化改革是很有必要的。体育教学方法实施过程的优化是在选择体育教学方法时，体育教师通过对教学内容的分析和综合，有目的地优化教学方案，并且在规定教学时间和固定教学条件下获得最佳的教学效果。

（一）体育教学方法实施过程优化的观点

1. 整体观点

用整体的观点分析事物，有助于我们更全面、更准确地理解事物。用整体观点分析体育教学方法实施过程，有助于体育教师在教学实践过程中科学掌控体育教学方法实施过程中的结构组成和其他活动环节，才能更好地认识体育教学过程，才能从体育教学方法实施的大环境、大背景出发做出更加完整的、更加具体的、更加形象化的分析判断。我们可以将体育教学方法的实施过程想象成一个系统，这个系统由横轴和纵轴共同组成。横轴表示学校所有学科教学的过程，纵轴则由超学段、学段、学年、学期、单元和课时教学过程组成。基于以上全面而又具体的对体育教学方法实施

---

① 王惠. 高校体育教学方法研究［M］. 北京：光明日报出版社，2016.

过程的分析，结合实际教学情况，才能实现对体育教学目标、教学内容、教学方法、教学评价的全面优化改革。因此，体育教师在体育教学方法的实施过程中必须使用整体观点思考教学过程的各个组成结构及它们之间的密切联系，从而让体育教学方法的实施实现整体效益的全面提升和最大优化。

2. 联系观点

用联系的观点分析体育教学方法实施过程的结构和功能，就可以发现教学方法实施过程由各种内在联系和外在联系组成。这些内在联系和外在联系又可以分为因果联系、发展联系和控制联系。

因果联系是在体育教学方法实施的过程中，体育教师和学生的各种行为活动与最终教学效果之间存在着必然的因果联系。因此，在教学方法的实施过程中及实施结束之后，体育教师都应投入时间和精力分析各种现象之间的因果联系，然后巩固好的联系，切断不好的联系，最终达到优化教学效果的目的。

发展联系是指体育教学方法过程本身是一个不断发展的过程，在这个过程中体育教师、学生以及体育教学方法具有相互促进、共同发展的联系。推动这个发展过程不断前进的动力就是学生对学习体育知识技能的需求及满足这种需求的实际可能性之间的矛盾，这也是教学方法实施过程内部所固有的矛盾。要想解决这一矛盾，还需要体育教师充分发挥自身的主导作用，根据学生的实际需求和教学的合理需求，认真选择教学内容，设计教学方法和形式，以满足学生掌握体育知识技能的客观需求。

教学方法的实施过程是一个充满师生控制关系和学生自我控制关系的过程。师生控制关系体现在体育教师对学生学习行为的设计、组织、监督和检查方面，这主要是因为教师在教学活动中起主导作用。具体分析，如果教师对教学活动过程管控过于严格，那么学生学习的主动性、积极性、创造性就会受到限制，学生就无法培养自我管控能力；如果教师对教学活动过程管控过于宽松，就无法发挥教师对课堂的主导作用，学生的学习活动可能就会变得没有组织、没有纪律，从而降低学习效率，影响学习效果。把握控制的尺度，寻求教与学的平衡点是体育教师处理好控制关系的关键。

3. 综合观点

体育教学方法内容的执行和体育教学方法目标的实现需要体育教师对教学方法和教学组织形式进行精心选择和设计。体育教学方法是一个复杂的系统，影响这个系统运转的因素有很多，如教材难易程度、教学场所设施、教师教学水平、学生理解能力和运动基础、天气变化等，这些因素都可能成为选择教学方法和手段的关键，所以在体育教学方法的实施过程中要使用综合的观点处理这些问题，优化教学方案和评价标准，进而思考整个教学过程的优化问题。

（二）体育教学方法实施过程优化的策略

体育教学方法的实施过程有不同的内容和分类，但学时是体育教学方法实施过程的基本单位，也是体育教学方法的具体实践环节。接下来本书就如何优化体育教学方法实施过程（以学时为基础）提出相应的策略，如图 4-2 所示。

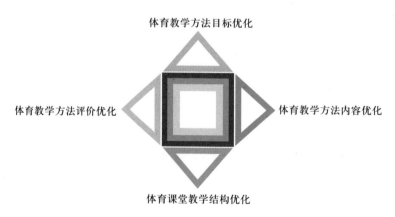

图 4-2　体育教学方法实施过程优化的策略

1. 体育教学方法目标优化

优化体育教学方法的实施过程首先要优化体育教学方法目标，使之具有明确性。体育教学方法目标是体育教学方法实施过程的起点也是最终归宿，是优化教学方法首要解决的问题。在整个体育教学方法的实施过程中，教学方法目标指导和统领着教学内容的选择、教学方法的实施、教学组织的建构和教学手段的运用。要想确定体育教学方法的目标，首先要考虑学校和学科的整体教学目标，其次要使确立的目标具有明确性、科学性、实践性和可操作性，不能模棱两可，让人难以理解，并且整体目标的各个组成部分之间既要有明显的差异又要互相联系。

2. 体育教学方法内容优化

优化体育教学方法实施过程就要优化体育教学方法的内容，使之有利于学生的理解和学习。体育教学方法的内容是体育教学方法实施过程中最基本最主要的组成部分，是体育教学目标的载体。体育教学方法内容能否被学生接受、能否引起学生学习的兴趣将直接影响到教学目标的完成。因此，体育教师一定要精心准备体育教学方法，使之容易被学生理解和接受，最好能被学生喜爱。

当前的体育教学方法内容还有很大的进步空间，这主要表现在教学方法的内容忽略了学生的实际需求、生活经验和学习经验，尤其有些内容加入了过多有关竞技体育方面的练习，超出了学生的学习能力和理解能力范围，使体育学习变得"可望而不可即"，失去了教学的初衷。想要优化体育教学方法实施过程，教师有必要选择适合学生学习、学生感兴趣、锻炼形式又比较活跃的方法内容，其中包括改造竞技项目的要求和训练方法，使之更有利于学生的学习和身心发展。

3. 体育课堂教学结构优化

优化体育教学方法的实施过程还要优化体育学科的课堂教学结构，使之更加合理和协调。课堂教学结构是教学过程的主要表现形式，课堂教学结构不只是在规定教学时间和教学空间内实施教学活动的各个环节的具体安排，也是教学目标、教学方法和教学内容的具体体现。由于课堂教学结构的组成是一个复杂的系统，因而分析课堂教学结构可以使用系统论的一些观点。根据系统论整体价值大于各要素相加的价值的观点，体育教师在优化课堂教学结构时不能只着眼于优化局部，而是要着眼于整体结构的协调，要使各个组成部分相互影响、相互促进。

4. 体育教学方法评价优化

优化体育教学方法实施过程还要优化体育教学方法评价，使教学方法评价具有激励作用。体育教学方法评价是体育教学中的重要环节，具有检验教学方法成果、发现教学方法问题的作用。优化体育教学方法评价是以教学目标为依据，采用科学的方式手段对师生活动进行全方位的定量分析或定性分析，最终做出准确的、客观的、公平公正的价值判断。优化体育教学方法评价要特别注意评价的民主性、科学性、全面性与发展性，充分发挥评价的激励作用和引导功能，使评价成为指引教师教学和学生学习的动力。

第三节　高校体育教学方法的实践

一、高校体育教学分层式教学法的实践

（一）分层式教学法概述

1. 分层式教学法的重要内涵

分层式教学法的主要操作流程是在制订教学计划、开展教学活动之前先测试学生们的知识水平、理解能力、接受能力、学习潜力等水平，根据测试结果将学生分为不同的学习小组。虽然不同小组之间的水平不同，但同一小组内学生的总体水平比较相似，这样同一小组内的学生就可以互相帮助、共同进步。教师根据每个小组的学习水平制定不同的教学计划，在经过一段时间的教学后，教师再采用不同的测评方法测试这一阶段的教学成果，并且对学生的学习过程等方面进行评价。

在高校体育教学中应用分层式教学法，体育教师需要根据每位学生的性别、身体素质、运动基础等因素将学生分为不同的教学小组，为每一个

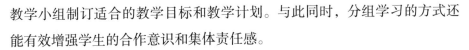

教学小组制订适合的教学目标和教学计划。与此同时，分组学习的方式还能有效增强学生的合作意识和集体责任感。

2. 分层式教学法的本质

分层式教学模式是根据学生的个体差异所实施的一种新的教学模式。学生在日常的学校体育课程学习中，由于先天的生长发育差异及后天的培养环境不同，往往在体育素质方面存在巨大差异。分层式教学法针对学生的这种差异，通过制订科学的、合理的分层式教学计划，达到充分发掘学生体育潜能、发挥学生学习的主动性和创造性的教学目的。

（二）使用分层式教学法的重要意义

在高校体育教学中使用分层式教学法是十分必要的，使用分层式教学法具有以下三点教学意义。

（1）使用分层式教学法可以在尊重学生差异的基础上充分发挥学生学习体育的自主性，这是遵循因材施教原则开展教学活动的体现。

（2）使用分层式教学法可以保证每位学生都能够拥有适合自己的学习计划和进步节奏，可以引导学生在学习实践中找到属于自己的学习方法，激发其学习体育运动知识的积极性；体育教师采用分层式教学法有利于发现并解决学生的问题，从而提高教学效率和教学质量。

（3）使用分层式教学法可以提高体育教师的综合素质水平和专业教学能力。因为在运用分层式教学法开展教学活动的时候，体育教师必须对所有学生的实际学习情况进行深入了解和掌握，然后对学生进行分层归类，对不同层次的学生选择不同的教学内容，制定不同的教学方案和教学目标。与此同时，体育教师还要积极发现和研究在开展教学过程中可能出现的教学问题，并且制定相应的解决措施，长此以往，体育教师的个人能力和教学经验必然得到大幅度的提升。

（三）分层式教学法的应用实践

1. 在充分掌握高校学生实际情况的基础上进行分层设计

体育教师在对学生开展分层教学之前，必须要对如何分层进行科学合理的设计，主要是把学习水平和技术水平相近的学生分在同一小组，在分层之前对所有学生进行学习态度、身体素质、运动基础等方面的测试。然后根据测试的结果将所有学生分为以下三个层次：

第一个层次学生的特点：身体素质不是很高，平常不爱参加体育锻炼，但对体育课学习有一定的兴趣，学习态度也非常认真。

第二个层次学生的特点：身体素质不错，对体育课很有兴趣，但还没有掌握适合自己的专项运动技能。

第三个层次学生的特点：身体素质良好，非常喜欢上体育课且已经具备一项或多项运动技能，还能在课上配合教师开展教学活动。

2. 制定分层次的高校体育教学目标

高校体育教学目标要切合实际，高校体育教学活动的开展不是为了将学生锻炼为体能过人的"超人"，也不是将学生训练为专业运动员，而是将高校学生培养为拥有健康意识和体育意识，能自主学习体育知识并提升自身体育素质的新型人才。基于这个目标，体育教师根据不同层次的学生合理制定分层次的体育教学目标。当然这不是意味着不同层次学生其体育教育的标准不同了，而是要在共同的教学目标下体现出不同层次学生教学目标的差异性。

3. 设计分层次的高校体育教学内容

在根据学生的学习水平和体育素质对全体学生进行分层后，不同层次学生的起点差异就更明显了，因此体育教师在选择和设计教学内容时就要有所区别，既要确保全体学生整体体育素质的提高，又要确保内容的差异性。例如，对于第三层次的学生，教师可以不必完全按照教材的内容要求进行授课，而是采用竞赛或比赛形式帮助他们提高自身技能水平，发掘他们的运动潜能。

4. 尊重高校学生的差异性，发挥学生的主体作用

体育教师需要承认不同学生之间客观存在的学习差异性，针对不同层次的学生选择不同的教学方法，充分发挥他们的主观能动性和教学活动中

的主体作用。这种做法能较好地激发学生学习的动力，培养学生的自信心，帮助他们树立竞争意识和参与社会交往活动的意识，同时培养师生感情，促进教学活动的顺利开展。

5. 建立分层考核评价机制，培养高校学生学习热情

在对不同层次的学生实施了不同的教学方法之后，学校和教师又面临着使用什么样的方法对学生的学习成绩进行考核评价的问题。事实上，对于高校学生体育成绩的考核评价也要采用相应的分层考核评价模式，教师需要为不同层次的学生设计不同的考核内容，制定不同的考核标准和考核要求。例如，对于第一层次的学生重点考核其基础知识的掌握情况，而对于第三层次的学生重点考核学到的运动技能及其创新之处。这样的考核评价方式符合教师为学生设定的日常学习目标和学习标准，容易被学生接受，学生不会因为考核达不到标准而担心，从而继续保持学习体育的积极性。

二、高校体育教学体验式教学法的实践

（一）体验式学习法概述

1. 体验式学习法含义

要了解和掌握体验式教学法，首先要了解体验式学习法。体验式学习法就是让学生亲自参与体育运动，用身心感受和体验体育运动带来的乐趣，在体验过程中，学生通过对教学事物的观察、学习，真正融入体育学习。体育教师在这一过程中发挥着引导作用，通过采取各种教学方式引导学生做好课前体验学习，从而激发学生参加体育运动的积极性和主动性。

2. 体验式学习法特点

体验式学习法的特点主要体现在以下三个方面：

第一，体验式学习法强调学生学习的自主能动性，教师在学习过程中主要起引导作用。

第二，体验式学习法具有娱乐性特点，这一特点十分受学生欢迎，在具体的教学活动中，体育教师需要根据体育教学的特点，激发学生的学习

兴趣，再用兴趣引导学生参与学习活动。

第三，体验式学习法注重学生在学习过程中的心理体验，在开展教学活动时也会时刻关注学生的心理变化和情绪变化。

（二）使用体验式教学法的重要意义

在开展高校体育教学活动中使用体验式教学法的重要意义主要体现在三个方面。

1. 完善了高校体育教学模式

从教学的形式上来讲，体验式教学模式丰富了现代高校体育教学模式的内容，提升了体育教学的水平和效率，拓展了体育教育的发展途径。

2. 激发学生参与体育活动的兴趣

培养学生的学习兴趣是提升教学效果的有效途径。在传统的体育教学模式中，学生可以选择的体育课程十分有限，导致学生学习兴趣不高；体验式教学法强调让学生亲自参与体育知识和运动技能的学习，采用比较新奇的体育活动项目培养学生的兴趣，能在很大程度上激发学生学习的积极性和主动性，帮助学生获得良好的学习效果。

3. 促进了学生精神品格的健康成长

体验式教学法强调学生在学习过程中的主导性和主观能动性，让学生在实践中探索知识，培养了学生的探索精神和批判总结精神；同时丰富的课外体验活动为学生提供了交流与学习的机会，帮助学生在体现自我价值的同时形成了优良的品格和坚韧的毅力，从而促进了学生精神品格的健康成长。

（三）体验式教学法的应用实践

1. 制定教学目标，培养独立意识

体验式教学法并不是完全忽略教师的引导作用，让学生在教学过程中放飞自我、不受约束，而是让学生在户外活动中真实地感受体育精神，掌握运动技能。这对体育教师的专业教学能力要求很高，体育教师除了要具备专业丰富的理论知识外，还要具有策划户外教学活动的能力，帮助学生在户外活动中思考、学习和成长。要想做到以上要求，就需要体育教师制定科学的教学目标，明确自己在每一教学阶段和每一课程的教学目标，并且做出合理的规划安排。

2. 创造体育情景，引导学生反思

体验式教学法作为一种创新教学模式，其显著的特征就是注重学生的亲身参与性与师生之间的互动性。也就是说，在开展体育教学的过程中，需要让学生参与实际的体验中来。体验式教学法就是通过具体的情境设置，让学生获得真实体验的方法。除此之外，体验式教学法还注重引导学生对学习过程和学习体验进行反思。体验式教学模式引导学生进行反思的方法：

学生在对需要掌握的知识有了初步认识之后，教师通过讲解加深学生的认识，然后引导学生重新回到实践情境中进行思考，在实践中对学习的意义进行反思，通过反思加深对知识的理解和记忆，从而提高学习效果。也可以说，体验式教学模式的运作过程就是引导学生对亲身体验过的事物产生连续思考并寻求答案的过程。在学生进行反思的过程中，教师的引导是必不可少的，只要教师在合适的时机给予恰当的引导，学生的思路才能打开，思维才能拓展，最终才能达到教学的目的。

3. 优化教育资源，创造教学条件

优质的教育资源是开展教学活动的前提条件，各个高校要优化体育教育资源，为开展体育体验式教学创造条件。

首先，要为体育课安排足够的课时，合理安排班级课程表，保证学生体育课的时间，同时不能在同一时间段安排过多的班级上体育课，以免出现体育场地和体育器材供应不足的情况及相互干扰的情况，进而影响教学效果。

其次，要为体育教师开展教学活动提供安全、宽敞的教学场地及充足的器材设备，这样才能为教师实施教学方法打好基础，学生才愿意主动参与教学活动，保证练习的质量和效果。

最后，学校要招收和培养专业的体育教师，专业的体育教师能够熟练掌握和运用体育知识和技能，懂得在日常训练中如何保护学生，因此专业的体育教师能够吸引学生主动参与体育锻炼，培养学生积极的学习态度和良好的运动习惯，进而为终身体育教育奠定基础。

此外，学校要重视体育教育工作者的教育地位。在目前的高校教育中，大多数高校忽视了体育学科的育人功能，体育教育在高校教育中所处的地位并不乐观，体育教育工作者的待遇也相对较低。高等院校应该充分认识和发挥体育的育人功能，将体育教育纳入高校重点教育工作的范畴之中，进一步提升体育教育工作者的工作地位，合理安排、协调体育学科工作与其他学科工作，提高体育教师的待遇，给予体育工作者平等的职称评定考核机会。通过以上举措，提高体育工作者的工作热情，促使他们更加努力地投入高校体育教学工作。

三、高校体育教学互动式教学法的实践

（一）互动式教学法概述

1. 互动式教学法的内涵

互动式教学法是一种体现"以人为本"教育理念的创新型教学模式。具体而言，就是教学双方通过创建多边互动的教学环境，开展平等有效的沟通与交流，实现不同观点的碰撞和交融，激发教学双方的主动性与探索性，以达到完成教学任务的效果。

2. 互动式教学法的基本特征

互动式教学法的基本特征主要分为以下三个方面的内容。

（1）师生在互动过程中要遵循循序渐进的发展规律和秩序化原则。

（2）互动式教学法具有开放性特征，整个教学过程都呈现出自主、开放的特征，为学生的学习创造了更加自由、开阔的成长环境。

（3）互动式教学法具有灵活多变的教学组织形式，如团队合作、意见交流与沟通、组间竞争等。

3. 互动式教学法的重要意义

高校体育教学互动式教学法的意义可以从以下三个方面阐述。

（1）互动式教学法有利于体育教师更好地了解学生，尤其是学生身心发展的特点与体育基础、体育需求、体育兴趣爱好方面的差异。

（2）互动式教学法有利于实现全体学生综合素质的发展。在使用互动式教学法时，体育教师遵循创建民主、平等、和谐课堂的原则，分别对学生展开横向和纵向的了解，并且以此为依据在满足多数学生学习需求的同时考虑到少数学生的特别需求，达到实现全体学生身心素质和谐发展的教学目标，创建良好的课堂教学环境与氛围。

（3）使用互动式教学法能更好地体现素质教育的先进教学理念。在开展高校体育教学活动的过程中，使用互动式教学法要求教师构建良好的师生关系，而良好师生关系的构建需要教师多与学生开展良性互动，充分发挥学生在教学过程中的主体作用，促使他们主动学习，以实现教学目标。

（二）互动式教学法的应用实践

在高校体育教学活动的开展过程中，互动式教学法的应用包括以下五个方面的具体内容。

1. 做好学生体育兴趣等内容的调研

体育教师在运用互动式教学法开展高校体育教学工作之前，要先使用访谈法、信息反馈法、问卷调查法对全体学生的体育兴趣、运动基础等情况展开调查，以了解学生具体的体育差异；然后根据调查结果将每位学生的数据资料进行综合分析和分类总结，把学生划分为不同的学习小组。

2. 以教学目标为依据开展活动

体育教师在运用互动式教学法开展体育教学活动时，一定要参考教育改革的要求和体育教学的训练总目标，结合学生的体育素质和教材的内容设置，制定科学的、合理的教学目标，以及分阶段的具有连贯性、差异性的教学分目标；根据不同对象、不同阶段、不同教学目标实施教学活动。

3. 尊重学生的学习需求和体育能力

体育教师在使用互动式教学法开展体育教学时，在为学生制定学习目标时，不仅要依据自己的调查研究和判断，还要让学生充分发挥主观能动性，对自己的学习需求和体育能力进行分析，自己选择学习小组。学习小组的划分并不是固定不变的，有明显进步的同学可以改变自己的学习小组。通过创建这种进步激励制度，引导学生主动探索和发现未知的体育知识、运动原理等，鼓励学生独立思考。

4. 创新体育练习与评价方法

体育教师在使用互动式教学法时，必须将学生的体育练习分为课内和课外两种类型，创新体育练习方法。尤其针对课内练习，需要设置不同的练习目标，把全班同学根据层次划分为不同的小组，教师在小组练习过程中开展巡回指导。如果出现超过练习目标或者无法达到练习目标的情况，教师应随时关注，积极调整目标要求。在对学生的学习和练习情况进行评价时，教师要结合小组练习的整体情况和小组内个人的练习情况，进行全面的、综合的评价，评价时多使用鼓励性语言。

5. 优化开展体育教学的环境

在使用互动式教学法开展体育教学活动时，体育教学环境是实现教学方法目标、促进教学方法顺利实施的基础条件和前提条件。体育教学环境包括自然环境、社会环境和物质环境。自然环境包括天气、气候等不可抗因素，社会环境包括一些来自外界的干扰因素，如路过的行人等，物质环境指教学器材设备之类的教学条件。良好的体育教学环境有利于激发学生的学习兴趣、提升教学效果。

第四节　高校体育教学方法的改革

一、高校体育教学方法的发展趋势

经过多年的实践与发展，体育教学工作者在研究高校体育教学方法方面积累了丰富的经验，取得了大量有效的研究成果。凭借专业的工作能力和科学的观察研究，他们还对高校体育教学方法的发展趋势进行了预测。

体育教学工作者认为现代高校体育教学方法的发展趋势主要体现在以下七个方面，如图4-3所示。

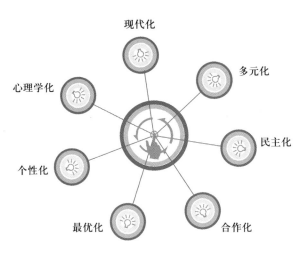

图 4-3　高校体育教学方法的发展趋势

（一）现代化

随着时代的发展和科学技术的进步，传统高校体育教学理念和方式的局限性与落后性越来越突出，尤其原先单一的体能训练方法已经无法满足现代体育教学的要求及学生身心发展的需求。与此同时，科学技术的发展与应用也为体育教学方法和教学模式的创新提供了必要的支持，因而高校体育教学方法的现代化发展是高校体育教学改革的必然趋势。

新时期，随着高校体育教学的改革与创新，高校体育教学方法的现代化发展趋势主要体现为两大方面。

（1）现代化教学设备在体育教学方法中的应用。通过现代化的教学设备，体育教师能够更好地观察和了解学生的身体情况和体育素质，并且能为学生制定科学的运动负荷量。在体育理论知识实践教学过程中，多媒体、计算机软件的应用使教师的讲解更加生动形象，更容易被学生理解和接受。在教学管理方面，现代化教学设备的应用有利于教师监督和管理学生的训练活动，对不适合学生的训练活动及时进行整改。

（2）现代化教学技术在体育教学方法中的应用。通过现代化的教学技术，如多媒体信息技术、移动通信技术、互联网信息技术、无人机技术等具有时代特点的先进科学技术为体育教学方法的选择与实施提供了条件，同时为学生的体育学习创建了生动、形象、立体化的教学情境，符合当今学生的学习习惯，并且经过教学实践证明，现代化教学技术在体育教学方法中的应用具有优化教学效果、提升教学效率的作用。

（二）多元化

体育教学目标本身的复杂性和高校体育课程教学改革决定了体育教学方法多元化发展的趋势。就体育教学目标本身的复杂性来说，体育教学目标不仅要求教师指导学生掌握体育理论知识、体育运动技能、健康保健知识等，还要求培养学生的竞争意识、集体意识、合作精神、拼搏精神等，只凭借一种教学方法是无法实现以上所有教学目标的；高校体育课程教学改革和深化带来了教学内容、教学要求等方面的变化，也需要新的教学方法来适应这些变化。除此之外，体育教学方法的多元化还能为体育教师的教学实践提供多种选择，使体育教师能够更加科学地组织体育教学活动。

（三）民主化

民主化教学理念是现代体育教学改革提倡的一种新的体育教学思想。民主化体育教育思想的特点包括两方面的内容：一是体育教育面向全体学生，所有的学生都是平等的，他们都是自愿参与体育教育活动的；二是在体育教学活动过程中，教师与学生之间的关系是民主的、平等的，教师对学生的学习活动起引导作用。在选择与设计体育教学方法时，体育教师应时刻注意民主化教学条件和教学氛围的创建，让学生在轻松、愉悦、民主的教学环境中学习体育知识，掌握运动技能。

（四）合作化

在现代体育教学活动的开展过程中，教师的教学活动需要学生的配合与合作才能完成，学生在根据教师的要求完成小组训练任务时也需要开展组内合作，这是体育教学的合作化特点。体育教学方法的合作化又有不同的含义和要求。体育教学方法的合作化是体育教学方法的创新策略与发展趋势，类似合作学习的教学方法已在我国高校得到广泛应用并有效促进了教学目标的完成和学生身心的全面发展。体育教学方法的合作化对体育教师提出了两点要求。

第一，体育教师在选择教学方法时要注意设计使学生合作的环节，组织学生开展合作训练、分组对抗等有助于培养学生的团队精神和合作意识，是发展和提高学生人际交往能力的有效途径，也有助于更好地实现体育的社会性教育功能。

第二，综合运用优势不同的各种体育教学方法，可以最大限度地发挥它们各自的优势。不同特点的体育教学方法的优化合作，不仅能提升学生的知识水平和身体素质，还能提高学生的学习能力和应用能力，更有益于促进学生合作意识和良好品质的形成，是对体育教学方法的优势放大，有利于整体教学效率的提高和教学质量的提升。

（五）最优化

不同教学方法具有不同的特点，有的教学方法适用于一种教学项目，有的教学方法适用于多种教学项目，体育教师应针对具体的教学项目内容，结合教学对象的特点，甄选出最佳的教学方法。具体分析，选择最佳的教学方法应考虑两方面因素的影响：一是必须考虑教学方法的合作性和系统性，二是必须充分考虑教学方法的操作性和实效性。

（六）个性化

体育教学方法的实施对象是全体学生，但不同学生之间的体育素质存在较大的差异，这就需要体育教师在选用体育教学方法时注意到这些差异性，突出个性化教学。这是选择个性化教学方法的理论依据。个性化教学方法是体育教学方法的改革与创新，对于促进学生和社会的发展都发挥着重要作用，能真正助力每一名学生的成长和进步。

从时代发展的背景和当今课程教学改革的要求角度分析，传统的体育教学过于强调教师在课堂上的主导作用和教学标准的一致性，从而使教师的教学活动开展忽视了学生个体之间的差异性，导致学生的学习只能遵循唯一的标准，学习起来十分被动。新时期随着高校体育教学改革的深入推进，加上现代社会越来越重视人的个性的体现，促进学生的个性化发展成了学校教育的重要工作内容。

与此同时，创新科学技术在体育教学中的应用，为体育教学方法的个性化提供了技术支持，使教学方法的个性化发展成为可能，并且具备了科学化的操作路径，有利于促进学生的个性化发展。为了更好地满足学生个性化发展的需求，体育教师要根据学生的具体情况采用不同的教学方法，这对提高学生学习体育的兴趣、调动学生的学习积极性与主动性具有重要的教学意义。

（七）心理学化

体育具有多元化的教育功能，体育教学除了具有向学生传授体育文化知识和技能的功能之外还具有促进学生心理健康发展的重要教育功能。体育教师在选择和设计体育教学方法时，要注重体育心理教育功能的发挥。进一步来讲，体育教师在应用体育教学方法时应重视学生内心的想法和心理的成长，要正确引导学生培养体育意识、锻炼意识和锻炼习惯，培养学生拼搏的体育精神、顽强的运动意志和良好的体育道德的培养。

根据实践研究表明，在体育教学活动开展过程中心理学理论的应用对于实现体育教学的目标、促进学生的身心全面发展具有重要意义，为学生心理建设提供了启示。与此同时，通过科学的心理学理论指导，体育教学方法的设计更加符合学生不同年龄阶段的心理特点和参加体育运动时的心理变化，有助于激发学生学习体育的积极性与主动性，从而更好地实现教学目标。

二、高校体育教学方法改革的思考

（一）培养学生的创新意识

促进高校体育教学方法的改革与创新可以从学生主体这一角度出发，

培养学生的创新意识。学校和教师要培养学生的创新意识可以从以下三个方面进行。

首先，提升高校体育教学的创新意识，这是当前高校体育教学工作者需要重点关注的工作内容，也是高校转变教学思想的根本体现。

其次，教师要创新选择和处理教学内容，教师要有针对性地筛选出既符合教学目标要求又受学生欢迎的教学内容，从根本上解决课程内容单一、呆板的问题。

最后，教师要创新选择和设计教学方式和方法，教师要根据教学大纲的要求，结合学生的发展需求，选择相应的教学方法，并且为学生量身定制具体的方法目标和方法程序，从而激发学生的学习热情和运动热情，引导他们开展自主学习、独立思考，积极配合教师的课堂教学，培养他们良好的学习习惯和锻炼习惯。

（二）实现学生的全面发展

时代的发展和社会的进步对教育事业的发展也提出了新的要求，培养德、智、体、美全面发展的人才是各大院校共同承担的教育重任。教师作为学校教育的主力军，既是知识的传递者，也是教学活动的组织者，学生心灵的呵护者。因此，在日常的教学活动中，体育教师要根据不同学生的个体化差异，为学生制定符合他们自身特点的学习目标，不仅要向他们传授科学的保健知识、锻炼知识，还要让他们收获健康的身体、优秀的体能，还要培养他们的体育精神，锻炼他们的运动意志，最后达到帮助学生实现全面发展的目标。

（三）改革传统的教学方法

在高校体育课程教学改革的环境背景下，各大院校的各位教师都在根据课改的要求，改变传统的教学模式，在教学方法的创新性、改革性层面付出很多时间和精力，为的就是最大限度地激发学生的学习动力。与此同时，高校的体育教师一定要大胆舍弃限制学生发展的传统的、不科学的教学方式，创新教学思维，以当前的要求为基础，结合学生的需求和兴趣，制定出全新的、有助于学生全面发展的教学方法，为学生的学习创建更好的学习环境，进而促进学生的进步与发展。

（四）重视教学活动的有机统一

高校体育教学方法改革需要关注教学活动的有机统一。完整的、科学的教学活动要确保教学主导（教师）与教学主体（学生）的有机统一，这两大主体缺一不可，都要积极地参与体育教学活动，实现教与学的统一。

从本质上来讲，体育教学活动是教与学的双向互动，如果一个教学活动只有教师但没有学生或者只有学生却没有教师，那么这个活动就不是完整的，就无法顺利展开，不完整的教学形式自然也无法取得令人满意的教学效果。

（五）应用现代信息技术

当今社会，互联网信息技术的应用与发展正在改变着人们的生活方式，也给教育的发展带来了强烈冲击。其中，教学方法的现代化、信息化逐渐成为教育现代化的标志，各个学科的教师都在自己的教学活动中使用了现代信息技术。在开展体育教学的过程中，现代信息技术的广泛应用为教师创新高校体育教学方法提供了技术支持，也为学生学习体育知识提供了更为广阔的平台，广大体育教师在今后创新教学方法时，要继续学习和应用现代信息技术，提高自己的教学水平和教学效果。

三、高校体育教学创新方法的运用

创新的、高效的教学方法有助于教学活动的顺利开展，有助于激发学生的学习主动性和对体育运动的兴趣。因此，为了适应高校体育课程教学改革的需求，高校体育教师要善于在教学过程中运用各种创新教学方法。

（一）表象式教学法

使用表象式教学法对高校学生进行训练，能帮助他们更为迅速、准确地掌握体育动作技能。使用表象式教学法开展训练活动可分为以下四个步骤。

1. 视频＋讲解

在引导学生学习体育动作之前，高校体育教师需要借助图片、短视频等信息技术手段，对技术动作的整个过程进行演示。在学生观看视频的过程中，教师结合专业知识对其中的关键动作进行描述和讲解，帮助学生学习动作要领，从而更快地掌握技术动作的重点环节。

2. 准备＋想象＋体会

学生在教师的指导下做好技能训练的各种准备，并且想象整个技术动作的过程和练习方法，然后在教师的安全指导下体会重点动作的练习。

3. 指导＋示范

利用现代化教学设备拍摄学生技术动作的过程，指导学生找到不规范的动作，对不规范的动作进行改进。与此同时，教师要以精准的动作示范帮助学生了解正确动作的构成，从而提升练习的效果。

4. 意念回忆＋意念演练

在练习结束之后，教师还要传授给学生意念式练习方法，指引学生对技术动作开展意念上的回忆与演练。具体的操作方法是让学生在晚上睡觉之前身体自然仰卧，闭上眼睛，同时深呼吸，使注意力高度集中，通过意念回忆掌握技术动作的要领。

（二）比赛式教学法

体育运动技能的教学效果需要在考核、比赛等实践应用中进行检验，因此在开展体育教学活动时，体育教师可以使用比赛式教学法激发高校学生参与体育学习的积极性和主动性。利用比赛的方法检验学习效果可以给高校学生的体育学习增添新鲜感和刺激性。除此之外，在比赛的过程中，高校学生还能十分明显地发现自己在技能掌握和运用上的薄弱之处，以便赛后进行巩固性练习。与此同时，比赛还能培养学生的团队合作精神和良好的心理素质。体育教师使用比赛式教学法需要注意的事项有：

第一，根据大学生的运动技术和训练水平进行科学合理的分组，以便激发全体学生的训练积极性和参赛积极性。

第二，要培养高校学生的合作精神和团队意识，传授给他们在比赛中需要使用的配合技巧和合作方法。

第三，在比赛进行的过程中，学生难免会产生心理压力，此时教师就要运用有效的方法帮助学生疏散压力，提高竞赛心理素质，进而保证运动技能的稳定发挥。

（三）自主式教学法

自主式教学法是一种新型的体育教学方法，这种教学方法的主要教学目标是培养学生的自主意识和创新能力。这种方法改变了传统教学模式中体育教师占绝对主导地位的情况，突出了学生在教学活动中的主体地位，有利于提高学生的学习积极性，增强学生的进取心。体育教师在使用自主式教学法开展高校体育教学活动时，要注意减少对学生的强制性干预，尤其在讲解完必要的理论知识和操作技能知识后的实践教学环节，要有耐心地引导学生发挥主观能动性，使其亲身体验动作技术，积极思考理论与实践的联系与区别，进而提高学生的思维能力，激发学生的创新能力，提升教学效果。

（四）探究式教学法

教育学中的探究式教学法就是让学生从日常实际生活或所学专业领域中自主选择一个感兴趣的主题，然后通过调查、对比、实验等方法展开研究探索，最终获得与该主题相关的理论知识和实践技能，并且培养科学的学习习惯和学习方法。在开展体育教学活动时采用探究式教学法，就是让教师不拘泥于传统的"先理论、后实践"的教学模式，而是通过引导学生开展自主学习和自主练习，帮助学生主动探索适合自己的学习方法和训练方法，最大限度地激发学生的学习能力和运动潜能，然后再适时地传授正确的理论知识和规范动作，帮助学生解决在探索过程中出现的问题，最终掌握相关动作技能。

（五）拓展式教学法

拓展式教学法就是教师除了教授既定的体育知识和运动技能外，还要在此基础上增加一些额外的教学内容和课堂设计，以培养学生对体育的兴趣，提高学生学习的积极性与主动性，从而促进学生的全面发展。在开展体育教学活动时采用拓展式教学法要求体育教师精心选择教学内容，设计教学细节，在引导学生掌握体育文化知识和技能的同时，培养学生的组织能力、沟通能力、领导能力、交际能力、心理承受能力，提高学生的自信心、责任感、合作意识、团队意识、竞争意识等方面的素质。

第五章　高校体育教学的设计

第一节　高校体育教学设计阐述

高校体育教学活动的开展要想取得良好的教学效果，必须提前进行合理的教学设计。体育教师在进行体育教学设计时要科学分析影响教学设计的各方面因素，尽量做到面面俱到、符合理论与实际的双重要求。在高校体育教学准备活动中，要想学会教学设计，就要先了解与教学设计相关的理论和背景知识。

一、高校体育教学设计概念

高校体育教学设计是高校体育教学工作者为了顺利开展教学活动、提高教学水平和教学质量而在体育教学活动中采用的具体的教学方案。在整个教学系统中，体育教学设计的指导理论、设计思路、设计流程与其他学科的课程设计大致相同。只是在设计具体操作方法方面必须依据体育学科自身的特点，在充分考虑学生身心特点和发展需求的基础上，结合体育教学的现状、条件和环境，对未来体育教学过程中可能出现的问题进行预测并思考解决方法，对未来师生开展体育活动进行准备，制定相应的计划方案。①

---

① 杨雪芹，赵泽顺.体育教学设计［M］.桂林：广西师范大学出版社，2014.

在开展现代高校体育教学时，科学的体育教学设计具有以下四个方面的优点。

第一，有利于促进体育教学理论与具体教学实践的结合，为体育教师提供科学有效的教学方法。

第二，有利于帮助体育教师发现教学过程中可能出现的问题和紧急情况，并且通过研究和思考解决问题的办法使教学设计方案发挥其实际效果。

第三，有利于促进体育教师的教学工作由经验型向科学型转变，从而提升体育教师的专业素质和教学水平。

第四，科学的体育教学设计能提高学生参加体育活动的积极性，提高教学效率和教学效果。

二、高校体育教学设计特点

（一）超前性

从本质上来讲，体育教学设计只是体育教师对即将进行的体育教学活动的设想与安排，体育教师对教学活动中涉及的一切影响因素进行构想，并且思考可能出现的问题及其解决方案，即体育教学设计在前，体育教学活动在后，所以说体育教学设计具有一定的超前性。

（二）差距性

体育教学设计是在体育课程的教学理念指导下设计的如何开展教学的实施方案。在方案具体实施的过程中可能会出现意想不到的情况，这与体育教师之前的设想是有差距的，这种差距性具体体现在体育教学活动开展时的教学条件、出现的问题及实际采取的解决问题的方法。

（三）创造性

进行体育教学设计的过程是一个设想解决问题的过程，更是一个充满创造性的过程。体育教学活动不确定性和复杂性的特点决定了体育教师不能完全依据之前的教学计划开展教学活动，解决教学问题。因此，体育教学设计必须具有一定的创造性和适时的变动性，体育教师才有可能充分解决面临的问题和紧急情况。

三、高校体育教学设计原则

（一）目标导向原则

目标导向原则中的目标就是教学目标，目标导向原则的含义就是体育教师进行体育教学设计时必须以教学目标为导向，所有的教学设计都与如何实现教学目标相关，设计方案中安排的教学行为必须与教学目标保持一致。

（二）整体优化原则

整体优化原则是体育教师在进行体育教学设计时，在努力将教学活动中涉及的各个影响因素优化设计的前提下，还能处理好体育教学系统内部各个子系统之间的关系，从而科学地、合理地整合各个因素，充分发挥体育教学的整体教学功能，实现最佳教学效果。

（三）系统性原则

系统性原则是体育教师在进行体育教学设计时要用系统论的观点分析和设计教学活动的整个过程，使之成为一个统一的整体。也就是说，体育教师在进行教学设计的过程中要从系统和整体的角度出发，对体育教学活动的各个要素进行分析，然后制定多个实施方案加以比较，最后选出最佳方案指导教学活动的开展。

（四）操作性原则

操作性原则是对体育教学设计方案的基本要求，即体育教学设计方案需要具有可操作性、实用性。教学设计方案只有符合操作性、实用性原则，体育教师才可能在此基础上提升体育教学的效率。具体分析，体育教师在进行教学设计时，不能完全按照教材上的模式设计教学方案，而要具体分析班级的实际情况，根据现有的教学资源，制定符合自己班级特点的实施方案。

（五）灵活性原则

灵活性原则要求体育教师在设计体育教学方案时要符合体育教学活动

灵活多变的发展特点。体育教学活动灵活多变的特点体现在以下三个方面：一是体育教学活动受客观环境变化的影响较大，如天气、气候、场地等；二是体育教学活动受师生之间、学生之间的关系变化和角色变化影响较大；三是体育教学活动受学生身心变化和发展的影响较大。

（六）趣味性原则

体育教学设计的趣味性原则是由体育教学内容本身和影响学生学习的主要因素决定的。体育教学的内容包括众多体育运动项目，这些运动项目大多起源于各种体育游戏，本身就具有娱乐性质；影响学生学习的因素不仅包括智力因素，还包括兴趣、动机、情感等非智力因素，运用好这些非智力因素是提高教学效率的重要方法。

四、高校体育教学设计背景分析

（一）体育学习需求分析

体育教师要开展体育教学设计时，要明确学生体育学习的实际需求，为体育教学设计提供重要的参考因素，同时使教学方案的设计更具有针对性。

1. 分析方法

目前在具体的教学设计中分析体育学习需求的科学方法主要有两种，即内部参照分析法和外部参照分析法，将这两种分析方法结合起来使用能起到较好的分析效果。

2. 分析步骤

（1）明确教学目标。

根据体育教学大纲要求和体育教学类型明确本课时的教学目标。

（2）分析学习现状。

通过问卷调查、学生自我评价、学生之间互相评价等方法确定学生目前掌握的体育知识和技能、学习态度、学习习惯等情况，如图 5-1 所示。

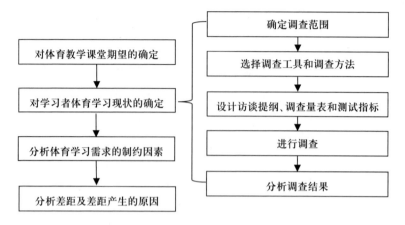

图 5-1　体育学习需求分析步骤

（二）体育学习任务分析

1. 分析方法

通常采用两种方法分析学生的体育学习任务，即归类分析法和信息加工法。

（1）归类分析法。

归类分析法就是依据教学目标对教学内容进行归纳、划分，以形成具有教学意义的分析方法，归类分析法能够提示教师根据教学内容有序地开展教学计划、完成教学目标。以武术基本功的教学设计为例，先依据武术基本功的练习目标对基本功内容进行分类，然后指导学生根据不同分类相继完成学习任务，如图 5-2 所示。

（2）信息加工法。

信息加工法就是依据体育教学目标所要求的行为表现，以流程图的方式来体现目标行为及其心理变化过程的分析方法。这种分析方法要求教师具有较高的知识水平、技能水平、掌控能力、指挥能力等教学能力，适用于对运动技能类学习任务的分析。以篮球的长传快攻战术教学为例，教师需要预测学生使用战术时的各种思维活动和心理活动，以结构图的形式将心理变化过程、运动能力要求与战术的实施之间的关系表示出来，指导学生对篮球战术和篮球技能的学习，如图 5-3 所示。

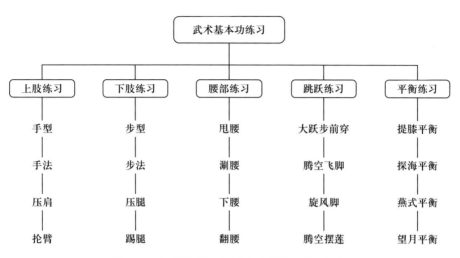

图 5-2　归类分析法分析武术教学的学习任务

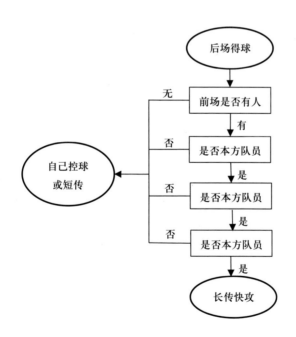

图 5-3　信息加工法分析篮球长传快攻战术教学的学习任务

2. 分析步骤

第一，了解学生的体育水平。体育教师应掌握学生的体育水平和运动基础，以此为教学起点，科学合理、有条不紊地安排教学活动，引导学生稳扎稳打、逐步掌握运动知识技能及其他学习内容。

第二，分析教学目标。学生在学习一项新的运动技能时，即从一开始的零基础到最终掌握这项技能的过程中，需要学生运用多项知识和技能，每一项教学目标的完成都是为了达到更高级别的教学目标。

第三，分析完成学习任务所需要的条件。体育教师要研究和分析帮助学生完成学习任务的具体条件，为学生的学习创造良好的环境，提供必要的辅助条件，以便更好更快地完成学习任务。

（三）体育教学内容分析

1. 时代背景

高校体育教学的主要教学任务是培养现代社会发展需要的德智体美全面发展的优秀人才，因此体育教学的内容选择与设计应当充分考虑当今时代发展的特点和社会发展的需要。高校体育教学工作者要时刻牢记自己的时代使命，通过开展体育教学促进学生的身体健康，提高学生的身体素质、心理素质和社会适应能力，切实培养出符合时代和社会要求的高素质人才。

2. 文化背景

当前的体育教学经常被人们误以为只是体育运动技能方面的教学，但实际上，体育教学的内容不仅包括体育运动技能，还包括所有与体育相关的能力、品质、精神、素养、文化培养等方面的内容，学生掌握体育运动技能只是体育教学目标中的一项。因此，在开展体育教学活动之前，体育教师不仅要明确主要的教学知识点，还要对运动技能所属运动项目的文化背景进行分析。

3. 教材内容

在正式开展体育教学活动之前，教师必须对体育教材的内容进行认真分析，并且列出教材内容的优势与不足。此处教材内容的优势与不足的评判标准是多方面的，具体包括学生的认可程度、内容的难易程度、内容对促进学生发展的有益性和价值。教师应找出教材内容中有利于学生智力、体力发展的重点内容，以此组织教学活动；同时发现教材的不足之处，进一步改进教学内容，优化教学过程。

4. 教学功能

在进行高校体育教学设计时，体育教师应全面分析教材内容的显性功能和潜在功能，以及影响这些功能发挥的环境和条件，这将有助于教师更好地把握教学活动的开展。具体分析，教师应注意分析教材作为学生课外阅读、作为课中和课后体育作业辅导书等功能。

（四）体育教学主体分析

1. 普遍特征分析

（1）生理特征。

众所周知，体育教学活动内容有很强的身体实践性，而不同教学内容的训练强度对学生身体素质的要求也是不一样的。因此，教师在进行体育教学设计时应该根据学生的生理特征设计教学方案，不安排超出学生生理承受能力的教学活动。

（2）心理特征。

体育锻炼活动的过程也是身体活动的过程，在身体活动的同时伴随着一定的心理活动。研究和分析学生的心理特征有助于体育教师设计教学活动、提升教学质量。具体分析，教师应关注学生的情绪特征、个性特征、注意力特征和意志力特征。

（3）社会特征。

人都是社会性的群居动物。体育教学活动的开展为学生创建了一个小型的社会体验环境，学生在参加体育教学活动时可以扮演不同的社会角色，因此说体育教学活动有利于学生的社会性发展。发展学生的社会性要从重视学生的社会特征开始，具体来讲，体育教师应该从社会行为特征、人际交往特征、社会角色意识等方面分析学生的社会特征，进而科学设计教学方案，促进学生的社会性发展。

2. 学习风格分析

（1）信息加工风格。

体育教师需要了解和分析受学生欢迎的教学方法、教学模式、教学节奏等。

（2）感知感官运用。

体育教师需要了解和分析学生在学习体育文化时习惯使用哪一种感官来接收信息，是喜欢听教师讲解，还是喜欢看老师示范，或者通过亲身体验学习体育知识。

（3）社会性动机。

体育教师需要了解和分析学生参与体育教学活动的社会性动机。通过观察和沟通发现学生是喜欢参加社交活动还是渴望取得较好的运动成绩，抑或因为受到体育精神的感染而注重体育锻炼，根据这些社会性动机来设计教学内容与方式。

3. 学习能力分析

（1）学生的身体健康状况、身体素质高低等。

（2）学生的体育理论知识和运动技能掌握情况。

（3）学生对于体育学习目标的认识和理解。

（4）学生的体育学习态度和参加体育锻炼的心理。

第二节　高校体育教学设计的模式

一、高校体育教学设计模式的含义

模式一般是别人可以复制的、模仿使用的系统化的、稳定的操作样式，它表现为某种规范的结构或框架。教学设计模式就是在长期教学实践的基础上形成的基本操作样式，是对教学设计具体活动的总结、归纳与提炼。

高校体育教学设计模式是对高校教学设计相关理论的总结与概括，同时也是对该理论的实践。高校体育教学设计模式的构成要素包括体育教学目标、体育教学对象、体育教学策略和体育教学评价。

二、高校体育教学设计模式的功能

随着《关于全面加强和改进新时代学校体育工作的意见》的执行与推广，体育教学"促进学生身体健康发展、心理健康发展、社会性健康发展"的创新教学理念使体育教学发生了实质性的改革和变化，其中各种新型体育教学模式的创新与建立是近年来高校体育教学改革的突出成就。随着体育课程改革的深入发展，广大体育教学工作者对这些新的体育教学设计模式开展了讨论与评价，这也是广大体育教师平时研究的重要课题内容。高校体育教学设计模式受到众多的关注与研究，是因为它具有四方面的功能。

（一）为体育教学设计理论研究提供素材

体育教学设计模式不仅包括与体育教学设计相关的教学理论和指导思想，还包括部分教学设计方案的实践素材。

（二）为体育教学设计实践提供指导

体育教学设计模式是体育教学设计指导理论与应用实践相结合的产物，它能直接地、科学地指导体育教学设计实践活动的开展，包括教学设计实践活动的目标方向、具体实施流程、每个程序的实际操作步骤等。这些指导能有效帮助体育教学工作者开展实际的教学工作。

（三）为体育教学实践活动提供指导

体育教学设计模式不仅能够指导体育教学设计的实践活动，还与体育教学实践活动本身存在着非常密切的关系。体育教学设计模式的设计理念、设计方向、设计要素等都对体育教学实践活动的开展有着显著的指导意义。特定的体育教学设计模式可以指导体育教学实践活动依据一定的教学理念、教学方向和操作流程进行。

（四）为体育教学管理决策提供依据

对体育教学设计流程进行管理是体育教学管理工作的重要内容之一。为了促进体育教学工作科学、有序的进行，体育教学管理工作者对教学设计这部分的监督应该不断加强，体育教学设计模式则为这项监督管理提供了相应的依据，这主要是因为体育教学设计模式包含了体育教学实践活动开展的各个环节和方面的大致内容和信息。

三、高校体育教学设计模式的要素

高校体育教学设计模式的组成要素包括四个方面的内容，即体育教学目标、体育教学对象、体育教学策略和体育教学评价。[①]

（一）体育教学目标

体育教学目标的确定是体育教学模式设计的一项基础要求。体育教学目标确定之后，就可以开始教学内容、教学策略等其他方面的内容设计，并且体育教师要确保这些内容的设计是围绕教学目标展开的。确定体育教学目标的过程就是在分析学生特点、学生需求和教学任务的基础上编写教学活动行为目标的过程。具体分析，确定体育教学目标需要明确学生需要掌握哪些体育知识和技能、树立什么样的体育运动意识、培养哪些方面的能力、需要达到什么样的水平等内容。在进行体育教学设计时，体育教师必须使用专业的、精确的语言对这些问题进行描述。

（二）体育教学对象

我们要以谁为中心开展体育教学的设计，这是体育教学设计最根本的问题，也是体育教学设计发展的取向所在。很长时间以来，体育教学工作的开展受传统体育教学思想的影响，过分重视体育教师教学工作的开展和教学技能的提升，而忽视了学生学习的过程和学习的体验。这种做法导致几乎所有有关体育教学问题的研究都是从体育教师角度出发的，都是以体

---

① 佟晓东，刘铁.体育教学设计与实践［M］.沈阳：东北大学出版社，2009.

育教师为中心进行研究的。不仅体育教学的理论研究是这样，体育教学实践活动的设计也是以体育教师为中心开展的。高校体育课程教学改革后的体育教学设计则明确提出，体育教学工作者必须以学生为中心开展教学设计，要分析学生的身心特点，测试学生的学习水平和运动基础，预测学生发展的方向和空间。

（三）体育教学策略

在明确体育教学目标和体育教学设计的服务对象之后，我们就要选择和设计体育教学策略，以实现体育教学的目标，促进体育教学设计服务对象的发展。体育教学策略的设计需要考虑很多相关方面的问题，例如：采用何种教与学的形式才能提高教学效率？安排何种教与学的活动才最适合学生的学习训练？选择何种体育教学资源才既经济又高效？如何交叉安排理论课与实践课才能达到最好的教学效果？设计体育教学的环节和步骤需要注意哪些问题？

除此之外，还有一些更细节、更具体的问题需要加以分析和注意。总而言之，在整个体育教学设计过程中，体育教学策略的设计需要专业、详细和具体，只有这样，才能更好地促进教学活动的开展。

（四）体育教学评价

通过以上三个方面的设计与分析，体育教师就能初步完成一个体育教学设计"产品"。该"产品"是否满足体育教学目标的要求，是否符合学生发展的实际情况，是否能在高效运行的前提下节省教学资源，都是未知的。只有通过检验和评价才能逐一检验其中的教学方法设计、教学活动安排是否合理，是否值得借鉴。明确来说，就是要对体育教学设计的成果进行评价，科学的评价方法是根据教学实际需要制定的应用前、应用中和应用后评价，得出评价结果之后，再依据结果对教学设计进行修正。

四、高校体育教学设计模式的类型

不同的体育教学工作研究者从事着不同的教育理论研究，也拥有不同的教学实践经验，因此他们设计出来的模式也具备各自的特点。接下来本书将以此为依据展开对体育教学设计模式主要类型的分析。

（一）以系统理论为指导的教学设计模式

这种教学设计模式的主要特点在于，它以系统理论的基本思想和主要观点为基础，把体育教学设计看成一个完整的系统，该系统设有教学总目标，教学设计的各个环节和具体步骤都要为总目标服务，同时也受到总目标的约束。例如，巴纳赛的教学设计模式和布里格斯的教学设计模式。

1. 巴纳赛的教学设计模式

巴纳赛是美国著名的系统教学设计专家，他对教学界的突出贡献就是根据系统理论及社会发展的基本思想构建了教学设计的系统模式。这种教学模式由两个阶段共四个环节组成，并且整个模式设计过程都充满了反馈与控制因素。

第一个阶段包括中心定义和特征两个环节，被称为教学设计的形成阶段。

第二个阶段包括作用模式和可行系统两个环节，被称为教学设计的创造阶段。

除此之外，巴纳赛还将教学设计过程进行了划分，具体分为五个不同的领域，这些各有特色的领域在空间上相互联系，共同组成教学设计系统：

第一个领域称为创设空间，主要关注对设计背景的研究和创造，是开展教学设计的准备阶段，其主要任务在于探索社会的特点和意义。

第二个领域称为知识空间，知识空间的主要任务是探究知识系统，包括社会的特征及其意义、如何描述和设计社会系统等内容。

第三个领域是形成设计和解决问题空间，这个空间的主要任务是设计具体的操作系统，明确系统的特点和功能作用。

第四个领域称为探索空间，这个空间的主要任务就是进行评价与选择。

第五个领域是畅想、描述未来教学模式的空间。

2. 布里格斯的教学设计模式

布里格斯以系统论的基本思想和主要观点为指导，构建了一个概括性的教学设计模式，该教学设计模式的一大特征是注重发展学生的能力和水平。

布里格斯的教学设计模式主要描述了设计课件和发展项目的规划。他认为学校是一个由教学设计和教学活动组成的系统，以学校为系统的教学设计的重点在于取消或调整教师开展教学的部分约束，并且在此基础上开展评价，最后根据评价结果设计教学方案。

换句话说，布里格斯教学设计模式的主要特点是强调关注教学设计的整个过程，要善于从系统的整体出发综合开展教学设计。因为教学活动的过程是一个内容复杂的系统，教学设计模式也是由多项因素组成的复杂系统。

除此之外，教学工作者还要重点关注教学设计的具体过程和操作步骤，注重教学的具体传送方式，不能将教学设计工作想得过于简单。无论是分析教学设计过程的各个要素还是选择教学设计的方法，都要注意以系统论的思想理念为指导，同时还要注意发挥创新思维，灵活运用系统论的思想观点。

（二）以学习和教学理论为指导的教学设计模式

这种教学设计模式包括多种形式，这些模式不仅以学习和教学理论为指导，而且也遵循系统理论的部分思想。例如，迪克 – 凯瑞的教学设计模式、加涅和布里格斯的教学设计模式。

1. 迪克 – 凯瑞的教学设计模式

迪克和凯瑞两人共同研究的教学设计模式在教学实践活动中应用十分广泛。这种模式的最大特点是具体步骤和实施环节十分贴合教学实践活动，因此具有较高的应用价值。当前高校通行的课程设置及其所规定的教学内容不一定都是完全科学的、正确的，体育教学工作者应注意这些课程设置和教学内容可能存在的不合理之处。作为主导教学活动的教师们虽然改变不了既定的教学目标和教学内容，但他们可以选择教学内容，研究和探索更科学的教学方法和教学手段，以高效地传递教学信息。

2. 加涅和布里格斯的教学设计模式

加涅和布里格斯的教学设计模式在教育实践中也有很大的影响力，这种模式的特点在于研究和阐述了教学设计的序列。加涅提出，教学是一系列教师为学生精心设计和安排的外部事件，与这一系列外部事件相对应的是学生内部的自我学习、自我掌握的过程，教学的作用就是辅助内部学习过程的实现。基于这种教学认知观念，加涅和布里格斯结合信息加工学习理论罗列出了教学中的九大事件。

（1）引起学生注意。

（2）告知学生学习目标。

（3）回顾学习所需的先决技能。

（4）呈现具有刺激性的学习材料。

（5）为学生提供学习指导。

（6）引发学生的学习行为。

（7）为学生提供学习行为正确与否的反馈。

（8）评估学生的学习行为。

（9）增强学习成果的保持与迁移。

加涅和布里格斯的教学设计模式以信息加工学习理论为指导，从学生教学主体的角色出发，对教师指导学生开展有效学习的基本程序进行了设计。这九大教学事件不仅可以有效应用于各种形式的学习过程中，还可以根据教学目标的差异进行适当的调整，如调整某些教学事件的顺序，或者合并某两个教学事件，从而更好地应用于教学实践。加涅指出，具体的教学设计主要体现在以下三大教学事件中：呈现具有刺激性的学习材料、为学生提供学习指导和引发学生的学习行为。体育教学工作者应该结合在教学实践活动中遇到的具体情况灵活运用教学技巧，合理优化各个教学事件，这样才能取得更好的教学效果。

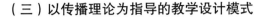

（三）以传播理论为指导的教学设计模式

以上两种体育教学设计模式都是建立在系统论、学习理论及相关教学理论的基础上，而这种模式的不同之处在于其非常注重信号传播理论对指导学生学习的积极作用。其中，最具有代表性的教学设计模式为马什的一般传播模式、莱特和皮亚特的文本组织模式。

1. 马什的一般传播模式

一般传播模式以马什设计的教学模式为代表，这种教学设计模式包括四个阶段。

第一个阶段是基本设计阶段，这一阶段的主要任务是为各阶段进行信息输入。组成这一阶段的四个步骤分别是选择策略、描述接受者的概况、强调中心观点与建立行为目标。

第二个阶段是对第一个阶段工作的扩展，如根据中心观点设计符合实际的具体操作步骤。与此同时，构建一套有关总体内容的框架，并且结合整体策略与学生的特点选择教学信息的组织方式和呈现方式。

第三个阶段是控制信号的复杂性。传播渠道和信息密度的选择决定了教学信息传播的背景，同时教师应提前考虑好信息的难易程度与复杂程度是否适合学生学习。

第四个阶段，体育教学设计模式的设计者还要考虑学生所喜爱的反应类型。音乐、色彩等都是学生喜爱的反应类型，因为这些类型能带给学生比较强烈的感官刺激，能够激发学生的学习兴趣。但这些因素都不应该增加信号的复杂性，影响信号的传播。

2. 莱特和皮亚特的文本组织模式

莱特和皮亚特提出，对教材内容的安排会影响教学活动和学习活动的进行，所以要以此为基础创建教学设计模式。其提出的模式中包括两种技术，一是将信息的中心观念提取出来的技术，二是组织信息的技术。掌握了这两种技术，学生就能够对信息做出正确的判断。他们认为，确定教材的内容可以从六个方面出发，即现状、轮廓、表现、印刷样式、索引词与风格。这些因素不仅影响着教材的内容，还对学生的学习过程产生了影响。

（1）现状。现状是教材每一页的总体框架，它是信息的整体结构。

（2）轮廓。轮廓指教材页面的内容平衡、空间安排等。

（3）表现。表现是引起学生对关键信息产生兴趣的技术。

（4）印刷样式。印刷样式与教材打印用的纸张材料等有关。

（5）索引词。索引词是反映关键信息的词语，包括文章标题、主题句、摘要等。

（6）风格。风格是每个页面的风格特征及内容的写作风格。

第三节　高校体育教学设计的过程

一、体育教学目标的设计

（一）体育教学目标概述

任何活动的开展都是有一定的目标作引导的，目标是指某一活动在特定时期内预计达到的程度和取得的效果，目标通常具有方向性、层次性和可操作性。体育教学活动的开展也需要制定相应的教学目标。因为影响体育教学活动开展的因素很多，其中包括时代的发展和体育观念的变化。因此，一直以来，体育教学目标的制定是体育教学工作的重点。

与此同时，体育教学目标还是开展体育教学活动的出发点和最终归宿，也是评价体育教学质量的最终依据。它是一个具有层次性、开放性和序列性的概念体系，它不是一成不变的，它随着时代的发展而发展，随着社会需求的变化而变化。体育教学目标决定着体育教学未来发展的方向，也决定着体育教学内容和教学方法的选择，因此想要更好地开展体育教学必须设计科学的、合理的体育教学目标。

（二）体育教学目标设计的基本要求

1. 注意整体性、协调性与衔接性

设计体育教学目标应注意充分发挥其系统性功能，根据不同层次的目标内容进行协调，保证其衔接性。体育教学目标只有在体育教学形成一个纵横连接的网络系统时才能充分发挥其指导教学的作用。

2. 注意语言表述上的明确和具体

表述体育教学目标时要注意语言的明确性和具体性，要尽可能量化目标，这样才能使目标更加明确、更具有操作性和实践性。如果对体育教学目标的表述含糊不清，就必然会影响体育教师对体育教学内容的选择、体育教学方法的运用及体育教学策略的制定。

3. 注意分解为细致的操作目标

体育教学目标要划分为更细致的操作目标，这样才有可能落实教学目标的具体要求。

4. 注意灵活性与发展性

体育教学目标本身具有一定的稳定性，但这种稳定性也是相对的，因为体育教学目标是在不断地发展和变化着的。这就要求体育教学工作者在设计体育教学目标时注意灵活性和发展性，这样才能依据实际教学情况对目标进行必要的修改与调整。

（三）体育教学目标设计的步骤

1. 分析体育教学对象

学生是学校开展体育教学活动的主要教学对象，分析学生首先要分析学生的学习需求。学生的学习需求可能与学校的教学需求并不一致。学校的教学需求主要是学生现有的学习情况与学校体育教学目标之间存在的差距。对学生的学习需求进行分析实质上就是对学生的一般特征、学习特征、学习基础等基本信息进行分析，剖析体育教学实践的不足之处，并且确定产生这些不足之处的原因，进而最终确定体育教学的目标。

2. 分析体育教学内容

对高校体育教学内容进行全面而科学的分析有助于了解教学内容各项知识技能之间的联系，同时确定体育教学活动的各项具体工作，这将有助于学生更全面地了解体育教学内容。分析体育教学内容可分为六个步骤，如表 5-1 所示。

表 5-1 分析体育教学内容步骤

步骤	内容	说明
第一步	单元体育学习任务的选择与组织	教学准备
第二步	单元体育教学目标的确定	
第三步	体育教学任务分类	教学基础
第四步	体育教学内容的评价	
第五步	体育教学任务分析	教学提高
第六步	体育教学内容的进一步评价	

3. 编制体育教学目标

一般来讲，一个完整的、明确的学校体育教学目标应该包括教学对象、教学对象的体育行为、确定行为的条件与程度四个部分。在具体开展教学设计时，高校体育教学工作者在表述教学目标时最好使用含义明确、精简通用的语言，同时还应将分目标设计得更加细致、具体。在实际教学活动开展时，体育教师可以结合教学现场的客观需要选择合适的、容易理解的表达方式来描述教学目标。

二、体育教学策略的设计

（一）体育教学策略概述

体育教学策略可以理解为体育教师为了有效完成体育教学目标而采用的体育教学活动准备、体育教学行为办法、体育教学组织形式等方法手段。体育教学策略的设计是体育教学设计不可缺少的环节，它能很好地连接起教师的教学活动和学生的学习活动，而体育教师只有正确使用体育教学策略时才能顺利完成体育教学目标。

（二）制定体育教学策略的依据

一般来讲，体育教学工作者制定体育教学策略的依据主要包括六个方面的内容。

（1）体育教学目标是根本依据。

（2）学习理论知识与教学理论知识是参考。

（3）必须符合体育教学对象的基本特征。

（4）必须与体育教学的主要内容相适应。

（5）必须考虑体育教师的能力和素质。

（6）必须结合当地教学的客观条件与物质条件。

（三）体育教学策略的结构

体育教学策略主要包括安排体育教学内容和体育教学过程，选择体育教学方法、组织形式。通常来讲，一套完整的体育教学策略应该包括四个方面的要素。

1. 体育教学目标

从本质上来讲，体育教学工作者精心选择和设计体育教学策略的最终目的就是实现体育教学的既定目标。在开展体育教学实践活动时，因体育教学目标不同，所选用的体育教学策略也有很大的不同。

2. 体育教学指导思想

体育教学指导思想是支撑体育教学策略制定的核心原则，能够使体育教学工作者从科学的教学理论角度出发对体育教学策略进行解释。不同的体育教师往往会采取自己认为最合适最正确的教学思想指导体育教学策略的制定与实施；对于同一位体育教师来说，其根据不同的教学任务制定的体育教学策略也会有相应的差别。

3. 体育教学实施程序

体育教学实施程序是按照体育教学策略的时间进程逐步展开的，实施程序在大多数情况下是比较稳定的、不会轻易变动的。但体育教学活动的开展往往受已知或未知因素的影响而产生变化，此时就会影响到正常的教学进程，当有特殊教学情况发生或者教学进程受到影响时，体育教师就需要对教学实施程序进行相应的调整。

4. 体育教学操作技术

要想更好地贯彻和实施体育教学策略，就必须掌握相应的操作技术和操作要领。此处着重分析一下操作技术，通常来讲，操作技术的内容主要包括四个方面。

（1）体育教师方面，确定体育教师在制定和实施教学策略中所扮演的角色和发挥的作用，以及对于体育教师各方面的要求。

（2）体育教学内容方面，包括制定体育教学策略的理论依据和对体育教学内容的具体处理。

（3）体育教学手段方面，体育教师不仅要掌握一些常见的教学手段，还要针对部分教学内容掌握一些特殊的教学手段。

（4）适用范围方面，包括体育教学策略适用的教学内容、教学方法等内容。

三、体育教学媒体的设计

（一）体育教学媒体概述

教学媒体的含义是以开展教学活动或学习活动为目的的、用于存储和传递信息的媒体。具体而言，教学媒体用于教学信息从信息源到学习者之间的传递，具有明确的教学目的、教学内容及教学对象。

体育教学媒体是存储和传递体育教学信息的工具，它在具体的体育教学实践中发挥着以下重要作用：

（1）提供教学材料，提高感知效果。

（2）加大信息密度，提高教学效率。

（3）改善教学方式，促进自主学习。

（4）启发学生思维，发展学生智力。

（5）提高学习兴趣，激发学习动机。

（6）调整教学过程，检验学习效果。

（二）选择体育教学媒体的影响因素

体育教学媒体的选择是根据一定的体育教学目标和教学条件选出一种或多种符合信息传递要求的教学媒体。美国专门研究大众传播学的专家施拉姆认为教师在选择教学媒体中介时应考虑五种因素的影响。

1. 教学任务

教学任务具体包括教学目标、教学内容等，部分教学媒体对于教学任务的实现具有显著的辅助功能。

2. 教学对象

教学对象的特征也是体育教师选择教学媒体时应该考虑的一个重要因素，它主要包括学生的智力特征、年龄特征、兴趣特征、对多媒体的接受程度和熟悉程度等。

3. 教学管理

教学管理主要包括学校的教学规模、教学安排和教育者的能力等，如应用计算机、互联网等现代教学媒体既需要教师拥有使用这种媒体技术的能力，又需要学校安排相应的教学活动。

4. 媒体本身

选择体育教学媒体还受教学媒体本身的一些因素影响，如媒体资源、媒体功能、媒体操作情况、媒体的组合使用情况和媒体使用的环境。

（1）媒体资源。媒体资源主要指当前学校已经配备的资源储备和根据未来的教学规划可能会配备的资源设备。

（2）媒体功能。媒体功能指媒体设备在使用时发挥出来的功能属性要满足传递教学信息的需求。这些功能属性包括媒体图像、媒体色彩、视频动态等。

（3）媒体操作情况。媒体操作情况是体育教学工作者学习和掌握媒体操作技术需要花费的时间和精力，以及媒体设备操作的难易程度。

（4）媒体的组合使用。媒体的组合使用是体育教学活动的组织者应该考虑综合使用两种或者多种媒体的办法和可能性，以及使用多种媒体可能产生的教学效果。

（5）媒体使用的环境。要考虑教学媒体所处的客观教学环境是否支持它的应用，或者现有的教学环境能否提供这种教学所需的媒体。

5. 经济因素

体育教学工作者在选择和安排体育教学媒体时一定要考虑经济因素的影响。如果使用价格低廉的教学媒体开展教学活动达到的效果与选择价格昂贵的教学媒体开展教学活动达到的效果没有太大的差别，那么毫无疑问教学工作者应该选择价格低廉的教学媒体。与此同时，还有一个特别需要教学工作者注意的问题，那就是在实际的教学活动中，选择教学媒体的各个因素之间也有可能互相抵触。

四、体育教学过程的设计

（一）体育教学过程设计概述

1. 体育教学过程

教学过程就是教师根据社会的需求和学生的特征，指导学生有目的、有计划地学习和掌握学科知识和技能，最终实现身心全面发展的过程。体育教学过程就是由体育教师和学生共同参与的，由确定学习目标、激发学习动机、理解学习内容、身体反复练习等环节共同组成的教学活动过程。具体分析，体育教学过程具有以下特点。

（1）体育教学过程是由体育教师的教学活动和学生的学习活动组成的双边活动过程。

（2）体育教学活动是一个动态的过程，不是静止的，体育教学过程会受到各种主观与客观、内在与外在因素的影响。

（3）体育教学过程是教师与学生以身体练习为重要媒介的交往与实践

的过程。

（4）体育教学过程是在特定的时间和空间内持续不断运行的过程，同时表现出阶段性与层次性特征。

2. 体育教学过程设计

体育教学过程设计是依据现代系统论的观点，以流程图的形式简洁地反映与分析教学阶段，直观描述体育教学过程中各因素之间的关系，概括教学的全过程，从而为体育教学实践活动的开展提供更加科学的设计方案。

在现代体育教学过程中，对教学过程的表述一般是通过类似于计算机程序流程图的形式进行的，规定使用的符号如图5-4所示。这种表述能直观地展示教学活动中各个要素之间的关系和比重，体育教师可以根据学生的不同反应做出相应的处理。

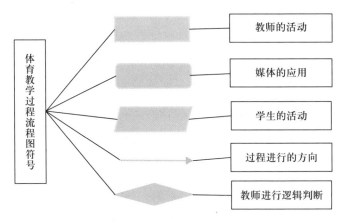

图5-4　体育教学过程流程图符号

（二）体育教学过程设计的原则

1. 主导性原则

在开展体育教学活动时，体育教师发挥着主导作用。主导不是主宰，体育教师在教学过程中不是单纯按照自己的意愿向学生灌输知识，而是通过对学生正确的、合理的引导，帮助学生掌握体育知识和运动技能。

2. 主体性原则

学生是体育教学的主体，因此在体育教学的过程中，教师应充分尊重学生的学习需求，注重培养学生的学习兴趣，根据学生的身心特点安排教学方法和教学媒体，让学生拥有更多的课堂参与机会，促进师生有效沟通。

3. 规律性原则

体育教学过程设计的规律性原则是体育教学过程设计应符合体育教学开展的一般规律，包括体育规律、教学规律、学生认知规律等。在体育教学活动开展的过程中，学生是主体，因此教师的教学活动应符合学生的学习认知规律，这对于教学活动设计者了解学生特点、掌握教学活动节奏具有重要的指导作用。

4. 方法性原则

体育教学过程设计的方法性原则是体育教学工作者在开展教学过程设计时应该结合整个教学系统的结构，选择和安排科学的、合理的教学方法，尤其应注意选择不同教学方法会导致不同的教学效果。在选择教学方法时应该考虑教学目标、教学内容、教学对象特点、教师能力素质及辅助媒体特点等方面的影响，选择最适合教学内容表达、最能激发学生学习主动性的教学方法。只有这样才能发挥教学方法的重要作用，才能有效提高教学水平、保证教学质量。

5. 媒体优化原则

体育教学活动的顺利进行离不开体育教学媒体的合理应用，因此体育教学工作者在设计体育教学过程时应注意教学媒体的选择、运用与优化。需要注意的是，在实际的体育教学过程中，任何单独一种教学媒体都无法满足整个体育教学过程的需要，体育教学活动的开展需要考虑多种媒体的优化组合。

第四节 高校体育教学设计的评价

实践证明，要促进高校体育教学工作的改革与创新，就要坚持对体育教学过程开展科学的、合理的评价；而要评价体育教学过程，就要从体育教学设计、体育教学组织和体育教学效果这三个角度入手。根据三者在体育教学过程中的作用和地位可知，体育教学设计是体育教学过程的基础，因为它属于教学工作者为开展教学活动制定的计划或设计的方案。体育教学设计准备得越充分，教学活动进行得就越顺利，教学的效果也会更好。

一、体育教学设计评价的意义

开展体育教学设计评价主要是为了改善体育教学设计方案，使其更加符合体育教学的学科特点和教学活动开展的规律。科学、合理地对体育教学设计进行评价的重要意义主要体现为四个方面。

（一）教学理论
开展体育教学设计评价能有效推动体育教学设计相关理论的发展。

（二）教学方案
开展体育教学设计评价有利于教学工作者检查体育教学方案是否科学、合理和完整。

（三）教学主导
开展体育教学设计评价有利于教学活动的主导者——教师掌握体育教学的整个流程及其中涉及的操作技术，以此提升其对教学活动整体性、统一性的认识。

（四）教学质量
开展体育教学设计评价会使教师发现之前设计方案中的优点与不足，有利于改进之后的设计方案，提升教学质量。

二、体育教学设计评价的内容

（一）体育教学目标的制定

体育教学活动的开展需要体育教学目标的指导才能使其有条不紊地进行，体育教学目标的设计是体育教学设计的重要组成部分，因而体育教学目标设计评价也是体育教学设计评价的重要组成部分。在对体育教学目标设计展开评价时，首先要注意三个方面的内容。

第一，在教学内容的选择和教学时间的安排上，教学目标是否能够突出教学的重点内容。

第二，根据教学内容的特点，结合学生的身心特征，评价在教学方法和教学手段的选择上，能否突出教学内容的难点。

第三，从教学内容的综合特征和体育教学的多种功能分析，教学目标是否有利于德育的开展。

除此之外，还要分析在教学目标的制定过程中，是否充分考虑到了学生的学习基础和学习需求，包括学生的身体素质、接受能力、学习能力等。随着学生的成长和改变，其学习体育的基础和学习体育的实际需求可能会发生变化，此时教师在设计教学目标时也应做出相应的调整。

教学目标的设计是否具有实用性、层次性特点，是否符合当地教学发展的实际情况也是教师应该考虑的因素。因为教学目标的过高或者过低，教学任务完成难度的过大或者过小，都不符合学生学习发展的规律，不利于学生的全面发展和教学质量的提升。

（二）体育教学过程的完整性

任何一门学科的教学都应是一个完整的过程，这是开展教学活动的基础。由于体育学科是一门具有显著实践特征的学科，所以对教学过程的完整性要求更为严格，因而这也是评价体育教学设计好坏的一项重要标准。体育教学过程一般由三个阶段组成，即体育教学的准备工作、体育教学的练习部分和体育教学的结束部分，这三个阶段构成体育教学的整个过程，较好地体现了体育教学过程的完整性。评价体育教学的完整性主要看这三个阶段的内容安排是否合理、阶段与阶段之间的运行逻辑是否顺畅。

1. 体育教学的准备工作

体育教学的准备工作是开展体育教学的基础，完整有效的体育教学正是建立在充分准备的基础之上。体育教学准备工作的主要内容就是通过教师对相关体育知识技能的讲解和课堂气氛的调节，充分调动学生学习的兴趣，帮助学生回忆以往的学习经验并使其做好参与体育锻炼活动的身体准备，以便学生在接下来的学习中更快地适应练习节奏、更好地掌握运动技能。因此，教师在这一阶段，通过教学前的准备工作，可以判断学生是否了解教学内容、是否对教学内容感兴趣、学习的愿望是否强烈、目前处于什么样的技能水平上等。

2. 体育教学的练习部分

体育教学的练习部分可以细分为三大内容，包括准备练习、学习技能的练习与巩固技能的练习，这实际上是围绕教学技能的学习展开的。体育教学的练习部分是完成体育教学任务和实现教学目标的实践阶段，也是必不可少的阶段。对这一阶段的判断与评价需要注意以下两方面的内容：

第一，教师理解和处理教材的能力，也可称为教师选择练习内容的能力。练习的内容其实就是教学的内容，包括准备阶段的练习内容。评价教师理解和处理教材的能力要考察教师选择和设计的教学内容是否符合教学目标的要求和学生发展的需求；还要考察教师指导学生练习的思路和逻辑，是否符合学生学习认知的规律和身心运动的规律，能否激发学生的思维能力与创新意识。

第二，评价教师理解和处理教材的能力要考察体育教师选择的教学模式、设计的练习方法是否符合学生的认知规律，是否符合学生运动负荷的变化规律，能否被学生接受甚至喜爱，能否满足学生全面发展的需要，能否较好地达到训练目标。

3. 体育教学的结束部分

体育教学的结束部分实际上就是指体育教师在完成教学任务之后要做的收尾工作，主要包括检验教学效果、布置学生作业和安排新的学习任务。因此，衡量体育教学结束部分工作是否达标的标准：能否促进学生身心方面的健康成长与全面发展，能否让学生体验体育运动的魅力、增强对体育学科的兴趣，能否使学生形成良好的学习习惯和树立体育锻炼意识。

（三）体育教学环境的布置

体育教学环境的布置是体育教师在开展体育教学活动之前安排好体育教学的场地，布置好体育教学需要用到的器材。体育教学环境的布置是衡量体育教学活动开展科学性与合理性的依据之一，因此也是体育教学评价设计的一部分。合适的场地和器材是体育教学活动顺利开展的前提和基础，也是学生上好体育课的保证。教学场地和教学器材的合理应用和安排体现了教学活动设计者对教学内容与学生练习情况的准确把控。也就是说，体育教师只有充分了解教学内容、学生学习情况、教学场地和教学器材之间的关系，才能充分利用教学场地和器材合理安排教学活动、完成教学工作。

三、体育教学设计评价的方法

教学设计属于教学技术学的研究领域，每一种教学技术都有特定的方法检查自身存在的不足之处，而用于评价自身设计缺陷的方法就是著名的教学设计缺陷分析法。这种方法的应用过程是研究人员首先对评价结果进行分析，然后对教学设计整个过程中存在的缺陷进行分析，如图 5-5 所示。

四、体育教学设计方案实施的评价

体育教学工作者在精心制定体育教学设计方案后需要认真贯彻落实方案设计，只有通过全方位的实践才能保证设计方案落到实处。

（一）实施教学方案

体育教学工作者在实施教学方案之前，要先将教学方案的实施对象进

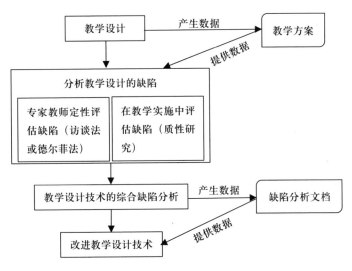

图 5-5 教学设计缺陷分析法的运作程序

行科学分组，然后对不同小组的教学活动展开分析，确定实际的教学效果与预期的教学效果的差距。此处预期的教学效果是既定教学目标的要求。特别需要注意的是，在实时教学活动时应尽量减少人为干预的影响。

（二）观察教学方案的实施

要做好教学设计方案实施的评价工作，就要安排专门的人员对整个教学过程进行客观、科学、认真、细致的观察，同时还要采取一定的方法对观察到的具体情况进行系统、完整的记录。具体分析，观察专员所要记录的教学情况包括以下五个方面的内容。

（1）教师实施各项教学内容的方法、特点。

（2）各项体育教学活动所花费的时间及在整个教学活动中所占的比重。

（3）受教者提出问题的性质和类型。

（4）受教者在教学过程中的学习态度、学习状态、情绪变化等。

（5）教师回答或解决受教者所提问题的态度、方法、效果等。

（三）后置测试与问卷调查

体育教学设计方案实施之后应该及时采用测试或者问卷调查的方式了解方案实施的效果和受教者对教学活动的看法、评价和意见，这样才能更好地了解教学设计有没有真正地发挥其应有的作用与意义——传授体育知识与技能、传播体育精神与文化。

（四）归纳和分析

一般来讲，归纳和分析可以从两个方面开展。

第一，教学方案设计者应该针对学习者的意见反馈进行认真细致的分析与研究，以此及时地了解学生的学习体验和学习状态，总结学生对教学过程提出的合理意见，并且根据以上分析修正之前的教学设计方案，在未来的教学活动中应用新的教学方案。

第二，教学设计方案的评价者可以针对教学方案的具体实践进行初步的分析与研究，对方案实施过程中出现的没有解决的问题通过互相讨论或请教相关方面的专家寻求解决方案，对问题的出现和解决都给出合理的解释。评价者还可以与被测试的学生和教师沟通，了解学生需求和教师的真实想法，然后整理沟通内容，得出有益的教学改进建议，用于调整今后的教学设计。

（五）评价结果报告

体育教学设计方案的修改是一项相对复杂的工作，修改者可能是方案的设计者、实施者，也可能是观察员、评价者，但无论是谁，都要在充分考察设计方案的科学性、实用性及优缺点的基础上把试用与评价的情况以书面报告的形式记录下来。一般情况下，体育教学设计方案的评价报告主要包括七个方面的内容。

（1）体育教学设计方案的名称。

（2）体育教学设计方案评价者的姓名、职称。

（3）体育教学设计方案的评价时间。

（4）体育教学设计方案的设计宗旨、试用范围和试用要求。

（5）体育教学设计方案评价的具体项目。

（6）体育教学设计方案的具体评价。

（7）基于评价结果的体育教学设计方案的改进意见。

　　除了以上七个方面的主要内容外，评价者还应在设计方案的评价结果内容后附上评价数据表、采访记录及相关说明，为后续的分析与改进工作做好必要的准备。

第六章　高校体育教学管理的内容

第一节　高校体育教学活动的管理

一、高校体育课堂教学管理

（一）体育课堂教学管理的内涵

课堂是教师开展教学活动的主要场所，也是学生获得体育知识和技能的主要场所，因此加强对高校体育课堂教学的管理，是高校体育教学管理工作的重要内容，对学校体育教学工作的开展和学生的发展都具有十分重要的意义。与此同时，通过分析国内外教育学界对课堂教学管理的研究成果，可以发现虽然他们强调的课堂教学管理需要注意的侧重点不同，但都认为课堂教学管理应坚持两种观念取向。

1. 控制与维持

所有的课堂教学管理都应该注意对学生课堂行为的监督与控制，即学生在课堂上必须遵守学校规定的课堂纪律与规范，教师的教学任务之一就是维持课堂纪律，保证良好的教学环境。

2. 激励与促进

所有的课堂教学管理都应注重对学生课堂行为的正确引导和鼓励。要充分发挥学生在课堂教学中的主体作用，强调通过提高学生的学习积极性来引导学生自主学习、自愿学习。

基于以上分析，体育课堂教学管理的内涵可理解为：体育教师以教师和学生的教、学互动为中介，以引导学生学会自我控制为目的，通过采用科学的、合理的教学方式与引导方式，有效调控影响课堂教学的诸多因素，最终促进教学活动的顺利开展和教学任务的顺利完成。

（二）体育课堂教学管理的要求

1. 树立科学的教学思想

体育教学工作者在开展体育课堂教学管理时，要树立科学的教学思想，科学的教学思想应符合体育学科发展规律、学生身心发展规律、学习认知规律、社会发展规律，这样才能发挥其对体育教学正确的指导意义。

科学的教学思想和教学观是增强学生的体育锻炼意识、引导学生掌握正确的锻炼方法，从而提高学生的身体素质和运动技能，树立"终身体育"的思想观念，促进学生身心健康的全面发展。

2. 提高体育教学的质量

体育教学工作者加强对教学工作的管理主要是为了提高体育教学的质量和效果。想要通过体育教学管理提高体育教学的质量和效果，不仅要加强体育教学活动中的教学管理，还要落实高校体育教学管理各个环节的所有工作。

3. 突出体育教学的管理特色

通过几代体育人的共同努力，我国高校的体育教学管理已经取得了长足的进步，并且在日常的管理工作中体现出了一些体育教学管理的特色，这些特色内容是体育教学工作者需要时刻注意的工作重点。

（1）指导思想管理方面。

体育教学管理特色体现在指导思想管理方面，主要指管理工作的开展要同时考虑社会需求和学生需求，要把校内的体育教育和毕业之后的终身体育教育有机结合在一起。

（2）教学内容管理方面。

体育教学管理特色体现在教学内容的管理方面，主要指在选择教学内容的过程中，既要考虑内容的传统民族性，又要考虑内容的时代感和国际性；既要保证内容的健身作用，又要通过内容传播体育文化；既要保证内容的知识含量，又要保证其实践性。

（3）教学宏观控制方面。

体育教学管理特色体现在教学的宏观控制方面，主要是管理工作的开展要将行政工作管理与教学业务督导有机结合起来，要把对工作开展的统一要求与分类指导有机结合起来。

（4）教学评价管理方面。

体育教学管理特色体现在体育教学的评价方面，主要是管理工作的开展要把基本评价与专题评价、特色评价结合起来。

（5）教学过程管理方面。

体育教学管理特色体现在教学过程管理方面，主要是管理工作的开展要充分结合教师的主导作用和学生的主体作用、教学方法的多样化与教学的实效性、严肃的课堂纪律与活泼的教学气氛。

4. 强化体育教学的多功能目标

当前阶段，强化体育的多功能目标是开展体育教学的客观要求，也是实现体育教学科学化管理过程的必要条件。要想强化体育教学的多功能目标要从以下三点入手。

（1）体育教师要认真分析体育教材的内容与结构，在教材内容的选择上，既要考虑学生的生理特征，也要考虑教材内容的实践性和教育性功能，将科学性与实效性有机结合在一起。在实际的教学活动中，体育教师既要向学生传授体育文化知识、运动技能原理，又要教导学生掌握体育运动技能，总而言之，就是要将这些内容合理地融入教学过程中，使之符合体育与健康教育结合发展的趋势。

（2）体育教师应敢于创新教学模式，探索研究使用多种方法激发学生学习体育技能与知识的主体意识，帮助学生探索学习的乐趣。

（3）体育教师要安排好自己在课堂上和课堂外的角色和任务。在课堂上，要注意传授知识与技能，从而培养学生的体育意识、提高学生的技能素养；在课堂之外，则要引导学生自发地组织体育锻炼，逐步培养学生的健身意识和掌握正确的锻炼方法。

（三）体育课堂教学过程的管理

1. 课前备课管理

备课管理是体育课堂管理的重要内容，任何学科的教师要开展教学活动都要提前备课，体育教师也不例外。因此，体育教学工作管理者针对管理课前备课工作对教师提出具体要求，如教案格式、规范程度、详略程度等。在此基础上，管理者要定期和不定期的抽查体育教师的教案，并且对体育教师的教案进行评比，还要组织一些集体备课活动来提高教师的备案水平。体育教师在备课的过程中，要注意五大工作事项。

（1）仔细研究教材。

教材是体育教师制订教学计划、选择教学内容的主要依据，因此体育教师要仔细研究教材。结合体育教学的课程标准，根据教学总目标及各个单元、课时的教学分目标分析教学的基本要求，把握教材的体系范围与深度。在此基础上，划分出教材内容的重点和难点，以及这些内容前后之间的联系，做好总结、归纳和梳理工作。

（2）深入了解学生。

开展体育课堂教学的根本目的是促进学生身心健康的发展，要想实现这一目的，体育教师就必须考虑学生的特征，使体育课堂教学活动符合学生的实际需求。因此，体育教师要深入了解学生各方面的基本情况，包括学生的体育知识掌握情况、运动技能掌握情况、身体健康状况、学习体育的态度和性格特征。

（3）合理设计教学方法。

采用科学的、合理的教学方法是体育教师顺利开展课堂教学活动、完成课堂教学任务的重要保证。因此，体育教师要根据教学大纲的要求和教材的特点及学生的情况、教学的环境，确定体育教学活动的类型与结构，并且据此组织和设计课堂教学方法。

（4）精心编写教案。

教案就是以课时为单位的教学计划。教案是教师开展课堂教学活动的直接依据。体育教师在编写教案时，为了保证教案的水平和质量，需要注意以下四个方面的内容。

第一，必须根据教学大纲的要求和学校对教案的相关规定编写。

第二，必须结合学生的实际情况，如体育素质、运动基础、身体情况等备课；同时要考虑学校现有的器材设备、场地设置等教学条件的限制。

第三，每个学校对教案的规范要求略有差异，体育教师编写教案时要注意符合本校教案内容和格式的规范要求。

第四，应注意编写教案时的语言不能随意，文字要专业、精练、准确，并且选择合适的教学方法。

（5）准备场地和器材。

教学场地和教学器材是辅助体育教师完成教学活动的必要教学条件，是提高学生学习兴趣、上好体育课的物质保证。因此，在开展体育教学活动之前，体育教师需要自己或者组织学生帮忙准备器材，尤其要确保器材的安全性。

2. 课堂教学管理

要保证体育课堂教学的教学质量，离不开体育教师和体育教学管理者的合作和努力。接下来本书就从这两个教学角色出发分析如何做好体育课堂的教学管理。

（1）体育教师的课堂管理。

在体育课堂教学活动中，体育教师的角色尤为重要，因为其既是开展教学活动的教学者，又是管理教学活动的管理者，所以体育教师的课堂管理决定了体育课的质量，决定了教学活动的成功与否。体育课堂教学的开展形式以学生的集中教学为主，很多学生都需要听从体育教师的安排和指挥，在体育教师的专业指导下开展学习活动和练习活动，这就要求体育教师具有较强的组织管理能力。一般情况下体育教师对体育课堂的管理主要包括调动学生参与运动锻炼的积极性、指导学生开展分组练习、引导学生使用教学器材设备、做好体育安全措施、选择恰当的教学方法等。

具体分析，为了上好每一节体育课，保证每节课的教学质量，在体育课堂教学活动中，体育教师应做好以下工作。

第一，明确教学目的。体育教学目的是开展体育课堂教学的出发点，也是所有课堂教学的最终归宿，因此体育教师必须牢记教学目的，并且通过叙述介绍让学生对教学目的有一定的了解，使学生配合教师有序开展教学活动。

第二，选择教学内容。体育教学内容是教师开展课堂教学活动的载体，体育教师应科学地选择教学内容，确保教学内容既具有知识性又具有实践性。

第三，选择教学方法。通常情况下，体育教师的课堂教学要以启发式教学为主，教学方式和方法应具有时代感、灵活性，既能够调动学生学习的积极性，又能传授知识、发展智力；既能符合学科教学的统一要求，又能因材施教，保护学生的个性特征。

第四，组织课堂教学。体育课堂实践活动要使教学活动与学习活动密切配合，因此体育教师在组织和安排课堂教学活动时，要注意结构安排紧凑、时间分配合理，以此提高教学效率、优化教学效果。

（2）教学管理者的课堂管理支持。

课堂教学是教师传授知识和学生接收知识最重要的教学形式，高校体育教学工作管理者应积极支持体育教师的课堂活动和课堂管理，从而促进体育教师顺利开展课堂教学活动、完成课堂管理。

第一，高校教育教学工作管理者应平等对待所有学科教学，应像支持其他学科教学一样支持体育课堂教学，并且对体育课堂教学提出相关要求。

第二，高校体育教学管理部门及相关领导应主动走进体育课堂教学，对体育教师的教学活动进行观察、了解，进一步加强对体育课的检查和监督管理。与此同时，组织探讨体育课堂教学的示范课、公开课等课型，为体育教师之间的学习与交流创造条件。

第三，高校要为体育课提供必要的教学场地和教学器材设备，批准体育教师合理的教学资金需求，及时解决在体育课堂教学中出现的各种问题，从而为体育教师营造良好的教学环境，促进教学水平的提高。

3. 课后教学管理

（1）课后总结。

在教学内容结束后，体育教师应做好本次课的总结工作，让学生展开讨论，根据学生的体验和实际教学效果有针对性地安排下一次课；下课铃响后，体育教师按时下课，学生自由活动。

（2）整理器材和场地。

下课铃响后，体育教师组织部分学生收回器材、整理场地，解散其他学生。在组织学生整理体育器材时应注意两点：一是所有在教学过程中使用过的体育器材都要当面检验，做到数量一致、质量完好；二是所有器材要分门别类放置。

第一，经常使用的器材和不经常使用的器材分开管理，经常使用的器材放在容易取用的位置。

第二，金属类的器材与非金属类的器材分开存放，所有器材都要注意防火防潮。

第三，大型器材和小型器材分开储存，尤其是小型器材更应摆放整齐，这样才不易丢失，寻找起来也比较方便。

第四，篮球、足球、排球、铅球等球类器材上架保管。

第五，羽毛球拍、网球拍等要悬挂整齐。

第六，服装、小件器材入柜保存。

4. 教学考核管理

加强体育教学的考核管理能有效提高教学质量，体育成绩的考核管理是体育教学考核管理的重要组成部分。高校体育成绩的考核管理主要分为两方面。

（1）体育教师对体育成绩考核的管理。

体育教师对高校学生体育成绩考核的管理工作按照实施考核的程序可分为以下三个方面的主要内容：

第一，体育教师应严格按照学校教学工作管理部门和体育教研组的要求，认真组织、实施体育的成绩考核活动。

第二，在体育成绩考核的过程中，体育教师应熟练掌握成绩考核的方法和标准，公平、公正、公开地开展学生体育知识技能的测评工作。

第三，在体育成绩考核工作结束后，体育教师应做好学生成绩的登记工作，并且按照规定程序将成绩及时上报学校教研组等相关部门。

（2）体育教研组对体育成绩考核的管理。

高校体育教研组对学生体育成绩考核的管理依据是体育教学大纲和教学计划的相关规定，在进行管理的过程中还要切实考虑学生的实际情况。具体分析，体育教研组对学生体育成绩考核的管理主要包括以下内容：

第一，体育教研组负责组织讨论并制定学生体育成绩考核的具体项目、考核内容、评分标准、计分方法等。

第二，体育教研组要通知体育教师开展学生成绩考核的事项和办法，对体育教师的考核工作进行检查和监督，要求体育教师认真对待考核工作，按照正确的评分标准和评分方法统一评判的尺度，公平公正地完成考核工作。

第三，确定体育教师完成考核工作后，积极审核各个班级体育成绩登记表，报送教务部门，将成绩归入学生的成绩档案。

第四，根据学校教学部门相关规定，及时组织成绩不合格的学生进行补考。

5. 意外伤害事故管理

由于实践活动是体育教学活动的主要组成部分，所以在体育教学活动的开展过程中有时会发生意外事故，因此做好学生的意外伤害事故管理是学校和教师开展体育教学管理工作的重点内容。

（1）体育教师的课堂事故管理。

体育教师在开展课堂教学的过程中，要做好课堂事故管理。

第一，体育教师应尽可能地避免学生发生意外伤害事故。体育教师想要预防学生伤害事故的发生应做到：合理选择教学内容和教学方法；了解学生的身体情况和科学的运动负荷量；课前检查场地和器材设备的安全性；在引导学生进行身体运动时做好防护措施；向学生讲授一些在运动中的自我防护措施。

第二，如果学生不慎在课堂教学中受伤，那么对于伤势较轻的学生，应及时送往学校医务室治疗；对于伤势比较严重，已经超出医务室人员救治范围的，甚至有生命危险的，应立即转送医院抢救。

第三，在课堂上发生重大意外伤害事故时，体育教师应立即通知家长、学校领导和当地派出所等相关部门。

第四，针对学生的意外伤害事故，教师应详细汇报事故发生的时间、地点、原因、处理措施、最终后果等相关情况，必要时保留人证和物证。

（2）学校体育教学事故的预防与处理。

对于学校来说，要从五个方面预防学生意外伤害事故的发生，并且处理好教学事故：

第一，学校要严格遵守国家和教育部门的相关规定，确保用于教育、教学训练的设施和设备符合安全标准。

第二，学校要根据教学管理和学生的具体情况，建立健全各项管理和保护学生安全的规章制度。

第三，学校要做好紧急事件的应急措施，教师、医务人员和学生应掌握一些急救技能。

第四，学校要监督教师履行开展安全教育的职责，鼓励他们根据实际情况采取必要措施。

第五，学校要组织人员做好保障教学活动安全的检查工作，尽早消除危险因素。

二、高校课外体育活动管理

（一）课外体育活动的概念和特点

1. 课外体育活动的概念

课外体育活动是课前、课间和课后在学校内进行的，以全体学生为对象，以促进学生的生长发育、增进学生的身心健康、满足学生精神需求和业余生活多种需要为目的的体育锻炼活动。

2. 课外体育活动的特点

课外体育活动具有多向性、多样性和灵活性特点。多向性是课外体育活动的目的任务具有多向性特点，学校希望通过开展课外体育活动完成学校体育教学的任务，同时满足不同学生参与体育锻炼的不同需求。多样性是课外体育活动的内容丰富、形式多样，既符合时代发展的潮流，又满足学生参与体育运动的兴趣需要。灵活性是课外活动的组织形式是灵活多变的，这主要因为学生之间存在个体差异，想要统一开展课外活动是不现实的。

（二）课外体育活动内容的管理

1. 个人体育活动

个人体育活动是学生个体根据自身需求，自愿选择相应的体育活动项目，在课外进行单独体育锻炼的行为活动。针对这种体育活动，体育教师应积极观察、配合，通过指导、协调等形式鼓励学生进行体育锻炼，传授给学生正确的锻炼方法，启发学生有计划、有针对性地开展锻炼。

2. 班级体育活动

班级体育活动顾名思义是以班级为单位，将班级分为若干活动小组，由班干部或小组长带领开展体育锻炼的活动。学校在管理班级体育活动训练时，可将训练内容与体育教学内容结合在一起，这样也有助于教学任务的达成。

学生干部和班级的体育委员应在体育教师的指导下，结合全班同学的意见制订班级体育活动计划，落实班级体育活动。

3. 体育俱乐部活动

学校的体育俱乐部是近几年比较受欢迎的体育课外活动组织形式。一般情况下，体育俱乐部都是高校根据自己的场地设备、师资力量、传统体育优势等因素组建起来的。体育俱乐部活动的管理应该由专门人员负责，要根据学校体育工作开展的整体规划确立活动目标、运营方式、人员配置等。

4. 校园体育活动

校园体育活动主要包括学校结合本校实际情况举办的相关体育活动，如"体育节"。常见的体育节活动包括体育讲座、体育专题报告、体育知识竞赛、体育表演活动、全校运动会等。常见的体育节活动形式是校园"体育周"，即学校利用一周的时间集中对学生进行课余体育训练，或组织各种锻炼活动、运动比赛活动。活动举办期间，学校一般会成立临时的指挥与管理中心，为活动的开展做好各项准备工作、支持工作和收尾工作。

第二节　高校体育教学资源的管理

一、高校体育教学物力资源的管理

（一）体育场馆的管理

体育场馆是教师进行体育教学、组织日常训练和学校开展体育活动的专用场所。为了充分利用体育场馆锻炼学生的身体、丰富师生的课余生活，并且使体育场馆能够安全、长久的使用，学校要制定体育场馆的管理制度。

1. 体育场馆的开放时间

（1）上课期间。根据学校制定的上课制度，8：00~12：00及14：30~16：00是体育场馆用于课堂教学的时间。

（2）课余时间。一般情况下，16：30~21：30是体育场馆用于师生课外活动的时间。

2. 体育场馆的使用规定

为了保证体育场馆的正常使用，维护体育场馆的良好环境，学校应制定体育场馆的使用规定，教师和学生都要严格遵守相关规定。

（1）必须遵守体育场馆的开放时间安排；在上课期间，禁止无课学生进入体育场馆活动，干扰正常教学；在课余时间，也应在闭馆前自觉主动离开体育场馆。

（2）在课外活动期间，校代表队师生可优先使用体育场馆进行训练，其他师生可以选用剩余空闲场地。

（3）体育场馆的主要用途是满足体育课教学和课外体育活动的需要，未经学校相关部门许可不能将体育场馆用作其他用途。

（4）在体育场馆内上课时禁止大声喧哗、吵闹，影响其他上课的同学。

（5）未经允许，不能随意改变体育场馆内教室的训练用途；未经许可，不能随意挪动、拆卸、组装体育场馆内的器材设备。

（6）进入体育场馆参加学习或训练的人员必须按规定的着装进入体育场馆，未按规定着装的训练人员要给予警告；训练人员随身携带的物品应放在适当的地方，不得悬挂于体育器材设备上。

（7）个人贵重物品最好不要带入体育场馆，如有携带应贴身保管，一旦丢失，概不负责。

（8）校外单位要借用学校体育场馆应事先向学校提出正式申请，经批准后才能使用，否则不允许进入体育场馆。

（9）体育场馆内不准用脚击球，以免伤害场馆内活动人员或场馆内器材设备。

（10）要保持体育场馆的卫生情况，创建良好的活动环境，禁止乱扔垃圾。

（11）如有人员违反上述要求中任何一例，工作人员都要给予相应的警告或处罚。

3. 体育教室的使用管理

（1）乒乓球室管理。

乒乓球室是学校师生专门用于乒乓球教学、训练和比赛的场地。学校要针对乒乓球室的使用制定相关管理制度，以保证正常乒乓球课和业余乒乓球活动的顺利开展。

第一，使用人员进入乒乓球室必须按规定着装，尤其要穿适合乒乓球运动的鞋参加活动。

第二，使用人员不许在乒乓球台和网架上堆放或悬挂衣物、帽子、饰品等。

第三，使用人员不允许使用手、球拍或其他物品敲打球台，损坏台面。

第四，使用人员不允许坐在或者站在球台上，抑或在室内任意奔跑、打闹。

第五，不允许利用乒乓球开展赌博等非法活动。

第六，不允许随地吐痰、乱扔食品包装袋、卫生纸等垃圾，带走随身垃圾，保持室内清洁。

第七，注意体育场馆闭馆时间，到时自觉离馆，带好随身物品。

第八，违反以上规定者给予警告或相应处罚。

（2）武术教室管理。

武术教室可用于进行武术、拳击、散打、跆拳道等运动项目的教学与训练，因而此类教室是专门从事武术运动的专用场所，学校要制定相关规定引导使用人员进行正确使用。

第一，未经许可，使用人员不可在武术教室内从事其他运动项目训练或开展其他活动。

第二，未经许可，使用人员不可随意动用教室内的武术器材设备，以免损坏器材或造成人员受伤。

第三，使用人员进入武术教室参与教学活动或者训练时必须穿适合武术运动的鞋，保护场地地面。

第四，使用人员不可将外带物品如衣物、食品、水杯等随意悬挂在武术器材上。

第五，使用人员随身携带的贵重物品请妥善保管，如果丢失或损坏，概不负责。

第六，为保证武术教室的卫生清洁，请不要乱扔垃圾。

第七，注意体育场馆闭馆时间，到时自觉离馆，带好随身物品。

第八，如果管理人员发现有违反以上条款的行为发生，可依据相关规定对违反人员做出罚款处理。

（3）健身教室管理。

健身教室是学校师生开展健美、力量训练的教学场所和训练场所。健身设备和器材种类繁多、价格昂贵，使用起来也具有一定的危险性，因此学校需要特别制定相关制度来保护学生进行健身运动的安全，保证健身教室的正常使用。

第一，任何学生在健身教室不得盲目使用器材锻炼，必须在体育教师或专业人士的指导下小心使用。

第二，使用人员在使用完器械后不许随意放置，要放回原来位置。

第三，使用人员的个人物品应置于指定位置，不得随意放在器械上。

第四，随身携带的贵重物品须自己用心保管，丢失概不负责。

第五，时刻注意保持室内的干净卫生，离开时处理好使用过程中产生的垃圾。

第六，注意遵守体育场馆闭馆时间，自觉收拾好个人物品离开。

第七，若违反以上任意一条规定，将对相关人员视情况进行处罚。

（4）多媒体教室管理。

多媒体教室是校内师生开展体育理论学习和体育文化欣赏的室内教学场所，针对多媒体教室制定的管理制度包括以下七个方面的内容：

第一，教师想要使用多媒体教室进行教学需事先向场馆管理部门申请，协商好使用和归还的时间，经批准后方可使用教室。

第二，进入多媒体教室学习的学生，未经允许不得随意动用电教设备。

第三，师生进入多媒体教室上课时应注意保持公共环境卫生，不得随意制造垃圾。

第四，师生在多媒体教室上课时不得大声喧哗，以免影响其他教室上课的同学。

第五，请爱护多媒体教室内的公共设施，不得在室内追逐打闹，损坏设施或物品需要照价赔偿。

第六，多媒体教室由专人看护管理，非上课人员不得随意进出。

第七，一旦发现有人违反以上规定，将对有关人员进行罚款处理。

（二）体育场地的管理

1. 田径场管理

田径场地是开展各种体育教学活动、课外体育活动、大型运动会的场所。学校需要制定田径场地的相关管理制度，维护场地的日常运营。

（1）如有师生在田径场上上体育课，其他非上课人员不得进入。

（2）课外活动时间，非本校师生，未经允许不得进入。

（3）校外人员想要使用田径场地，应事先通过正规渠道向学校提出申请，经批准并履行租用手续、交纳场地租赁费后方可进入。

（4）田径场实行封闭式管理，任何进入田径场的人员，必须服从场地管理人员的指挥、管理。

（5）为保护田径场跑道和足球场草皮，任何人员不得穿不适合田径场跑道和足球场草皮的鞋进场活动。

（6）为保证田径场内的环境卫生，所有人员不得在场内吸烟、乱扔垃圾。

（7）严禁一切车辆进入田径场，不听劝告违反规定者，应给予罚款处罚。

（8）足球场草坪的建植与养护时期，任何人不得进入草地。

2. 室外运动场地管理

（1）煤渣场地管理[①]。

第一，做好煤渣场地的地面保湿工作，保证地面湿度在 30% 左右。

第二，场地表面应保持适宜的硬度。使用的次数越多越频繁，场地的硬度就越大。为防止场地地面过度硬化，可适时翻修场地。

第三，为保证场地的正常使用，应及时清除场地内沿边的积土。

第四，为保证场地的正常使用，应及时安排人员铲除场地上的杂草。

第五，最好在场地周围种上树木，以净化空气、防风沙。

第六，安排专人及时修整场地，保证地面的平整。

第七，严禁包括自行车在内的各种车辆进入场地。

（2）木质场地的管理。

第一，未经允许，任何单位或个人不得进入场地训练、开展活动。

第二，未经允许，任何人不得随意挪动木质场地内的器材设备。

第三，在对场地进行相关布置或者收拾器材时要轻拿轻放，将器材设备搬起移动，不得随意拖拽、损坏地面。

第四，任何人不得在木质场地内进食、饮水。

第五，任何人不得在场内吸烟、吐痰、洒水。

第六，场内不允许进行其他球类运动，如足球；也不允许安排一些其他类型的竞赛运动，如投掷。

（3）塑胶场地管理。

第一，管理人员需合理安排塑胶场地的使用，场地只允许用于师生的专项训练和专项比赛。

第二，进入场地者必须穿运动鞋。限制跑鞋鞋钉不得超过 9 毫米，跳鞋鞋钉不得超过 12 毫米。

第三，入场人员不得携带易燃、易爆和腐蚀性物品进入塑胶场地。

---

① 马波.现代教育理念下体育教学的发展和探索［M］.北京：中国商务出版社，2016.

第四，机动车辆不得进入塑胶场地，防止胶面受滴油腐蚀。

第五，入场人员不得在场内吸烟或者吐痰。

第六，入场人员不得在场地上使用杠铃、哑铃、铅球等重量型器材。

第七，体育教师或裁判要保管好发令枪，以免走火损坏场地。

除此之外，塑胶场地的管理和维护人员还要做好以下工作：

第一，当场地因下雨等情况有积水影响使用时，管理及维护人员应尽快对积水地点进行擦拭并进行干燥处理。

第二，场地跑道上的标志线要清晰、醒目，发现模糊后应及时描画。

第三，管理维护人员要做好塑胶跑道的清洗工作。应保持至少每季度清洗一次，比赛前后也要认真清洗，以免影响正常使用。

第四，发现塑胶跑道有损坏迹象，要及时修补维护。

（4）草坪场地管理。

第一，机动车辆不得进入草坪停放或行驶。

第二，使用人员应严格遵守草坪场地的使用规定，爱护草坪，规范使用场内设施。

第三，田径运动中的推铅球、掷铁饼等运动项目尽量只在比赛时使用草坪地，教学或者训练时尽量不使用，或减少使用次数。

第四，管理人员应依据季节变化和草的生长习性合理安排草坪的使用期。以华北地区为例，每年的 12 月至次年 4 月为草坪的保养期，不安排使用；5 月、9 月、10 月、11 月可以隔天使用；6~8 月可以每天使用。南方草坪场地一般可全年使用。

第五，管理人员应做好草坪场地的越冬管理。一般越冬前要进行一次修剪；春天在草坪的嫩叶返青前进行一次滚压，返青之后要及时浇水，为小草的生长及时补充水分。

（三）体育器材的管理

1. 购置管理

在高校日常的体育教学活动中，由于教学内容涉及的运动项目较多，因此配备全面的体育器材设备是很有必要的。一般来说，学校的体育器材设备都是通过购买手段获得的。体育器材设备的质量将直接影响教学活动的效果，甚至会影响师生的身体安全。因此，购买器材事宜要指派特定人员全程跟踪负责，实行专人负责制。

在购置体育器材时，应严格按照比赛规则的要求认真挑选，并且参照一些国际单项协会对比赛器材设备制造厂商、质量等的严格规定，以免购买后影响训练和比赛开展，造成资源浪费。

2. 入库管理

体育器材购买成功后，管理人员应将其分门别类地入库存放，方便保养和管理。有些体育器材由于材料和用途的不同，因此需要特别的管理。例如，金属器材不要放置在太高的区域；木质器材和电子器材需要放置在干燥区域，远离水源；常用的器材尽量放置在容易取用的地方；球拍应悬挂或与球类一同放置在专门的保管柜中。

二、高校体育教学财力资源的管理

（一）体育教学经费的预算

一般高校每年都会统计本年度学校体育教学活动或学校组织的其他相关活动的经费预算，通常情况下，其统计预算的依据主要包括以下七个方面。

（1）学校规定的相关财务规章制度。

（2）学校的经费预算制度及预算要求。

（3）学校经费预算的具体项目内容。

（4）上一年度学校经费收支的实际情况。

（5）本年度学校体育教学与相关活动所需的经费预估。

（6）本年度学校体育各项经营服务行为创收经费预估。

（7）熟悉预算科目和预算表格。

（二）体育教学器材经费的管理

体育教学器材经费的管理要考虑体育器材的消耗程度和更新换代的速

度，根据这些因素决定经费如何使用。高校体育器材根据其形状大小和使用方式可分为大型、小型、固定型和消耗型器材。其中，大型体育器材的使用周期都比较长，所以不用经常更换；小型消耗类器材则需要特别注意根据实际消耗程度随时补充。具体分析，体育教学器材的经费管理主要包括三个方面的内容。

1. 采购教学器材预算

一般为了满足正常体育教学活动的开展与其他学校活动的举办需要，高校每学年都会定期采购体育器材。因此，对采购体育器材展开预算就是开展正式采购工作前的预备工作。确定预算需要考虑的主要因素包括近年来每年采购器材费用的均值、本年度增减项目的器材费用、器材的物价变化、应对意外情况的机动费用等。

（1）一般情况下，在没有设置新的体育教学课程和开展特殊体育活动的情况下，高校每年的体育器材采购费用都是比较稳定的。就不同运动项目所消耗的器材来说，很多球类项目的器材消耗会大一些，如篮球、足球、排球、羽毛球、乒乓球等，这些都是每年采购器材预算的重点项目。

（2）本年度增减项目的器材费用通常是为了应对教学改革的需要或其他特殊活动需要而对器材购置进行调整而准备的。

（3）器材的物价变化通常是因为经济环境的变动而导致的物价上涨或下跌。采购预算的制定需要根据这些变化进行上涨或下调。

（4）在采购预算中应留出相应比例的机动费用，预留机动费用是为了应对紧急情况的发生。

2. 采购器材行为规范

在器材采购计划和采购预算制定完毕后，就可以进行器材的实际采购工作了。管理人员在采购过程中应坚持勤俭节约、多家比较的原则，特别是在学期前的采购活动中要特别注意多走访几家供应商，比较商品的价格和质量，力争用最便宜的价格买到最合适的器材。学校在选派办事人员时要注意选择那些为人正直的人员，以避免在采购过程中出现不正当的私吞

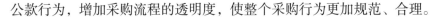

公款行为，增加采购流程的透明度，使整个采购行为更加规范、合理。

3. 体育器材减耗增效

体育器材基本上属于消耗品，在使用过程中出现损耗是非常正常的。为此，除了安排人员定期购买补充之外，还要特别注意指定人员对器材进行保养和维护，只有这样才能从源头上节约采购开支和预算，充分发挥体育器材的功效和作用。与此同时，还要加强在教学过程中对器材使用的管理，要求师生规范使用器材、借还器材，管理责任到人，从而达到减少体育教学器材开支的目的。

（三）体育活动经费的管理

举办各类体育活动、丰富师生的校园生活也是学校开展体育教育的重要组成部分，而各种体育活动的举办也需要一定的体育经费支持。为保障师生能够参与质量更高、内容更丰富、更具教育意义的体育活动，就要加强对体育活动经费的管理。通常来讲，学校常见的体育活动经费支出主要包括两个方面：一是学校内部举办的各项体育竞赛，二是体育协会举办的各种活动。

1. 高校内部举办的各项体育竞赛

高校内部举办的各项体育竞赛是高校体育活动的重要组成部分，是丰富师生课余生活、传播体育文化和树立健身意识的重要途径。开展体育竞赛所需的费用通常包括活动组织费、裁判员劳务费、器材消耗费、参赛者奖品等。因此，在制定体育竞赛预算时，要把费用涉及的每个项目都研究透彻，并且结合学校体育工作的总预算精心计算每项费用。

（1）活动组织费用是给予参与竞赛组织的教师及工作人员在组织赛事过程中所付出时间、精力和劳动的报酬。

（2）裁判员是体育竞赛过程中不能缺少的重要人员，因此裁判员的劳务费也应计入预算之中。一般来讲，学校体育竞赛的裁判员可以分为三类，一是本校的体育教师，二是本校体育专业的学生，三是从校外请来的具有一定资质的专业裁判。当裁判员是本校的体育教师时，裁判员的劳务费可以采用折算成课时费的方式支付；当裁判员是本校的学生时，主要由学校给予荣誉奖励；当裁判员是外请的专业人员时，就应该根据市场价格直接支付酬劳。

（3）因校内举办各类体育竞赛需要添置器材的预算应在本年度购置体育器材的规划中，但还有一些器材设备是需要为竞赛单独准备的，这部分器材设备就可以使用机动费用购买。

（4）学校体育竞赛活动的参赛者基本都是高校学生，因而竞赛的奖品基本也是为他们准备的，学校体育工作管理者把奖品颁发给获奖学生主要是为了表彰他们在体育方面的优异成绩，鼓励所有学生强身健体、保持身体健康。因此，以荣誉为主、经济为辅的原则购买竞赛奖品。奖品的荣誉价值本身就大于其经济价值。

2. 体育协会举办的各种活动

学校的体育协会是由学校教师和学生组成的、为了丰富学生课余活动、提高学生身体素质、培养学生体育兴趣爱好创建的校内体育活动组织。学校体育协会的主要运营资金来自学生的入会费。学生想要参加体育协会举办的活动需要交纳一定的会费。学校体育协会为校内爱好体育的学生开展业余体育活动，活动的举办离不开学校的支持和体育教师的指导。该类活动也是现代学校多元体育文化发展的一种体现，一般举办体育协会活动的主要开支分为四类。

（1）添置器材费。

学校体育协会举办活动所需要的大部分器材是学校已经购置的器材设备，如篮球、足球、羽毛球、网球等，但也有一部分活动的器材是学校没有的，因为学校没有开设这类活动的体育课程，如跆拳道、台球、散打等项目。所以要想举办此类体育活动，就需要根据情况购买相关服装、器材。

（2）教师指导费。

体育协会举办的活动一般都有专门的指导者，这些指导者一般是具备某种专项特长的体育教师或校外专业运动员，想要聘请他们指导学生开展

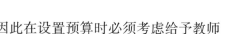

活动就需要支付给他们一定的酬劳，因此在设置预算时必须考虑给予教师的指导费用。

（3）内部比赛费。

学校体育协会有时会在内部举办一些比赛活动，而组织这些活动需要购买一些奖品，这些奖品的费用是举办内部比赛所需的主要费用。

（4）外出比赛费。

学校体育协会除了会在内部举办比赛活动外，还会走出校门，与其他学校同类型的协会开展友谊赛或对抗赛，而一般外出比赛就需要提前规划好交通费、餐费和队服费等费用。

（四）体育科研经费的管理

为了满足时代与社会对体育教学发展的要求，高校应不断加强对现有体育课程教学的研究与创新。任何课程的研究与创新都需要科研经费的保障，这一点也适用于体育课程的科学研究与创新发展。[①]

1. 外出考察观摩费用

任何事物的发展都是从借鉴、模仿开始的。学习和借鉴他人的发展方法有利于打破自身的局限性思维，打开发展创新的思路。学校想要发展体育教学显然不能只依靠自身的研究和摸索。为了促进教学发展，除了在校内开展理论与实践研究之外，学校还应定期组织本校的体育教学骨干成员外出考察和学习。学习的对象可以是当地优秀的体育教学示范学校，也可以是全国乃至国外体育教学工作开展较好的学校。学习、参观和考察不是最终目的，在考察结束后能结合学习到的方法改革本校的体育教学，创新课程教学模式才是考察观摩的最终目标。因此，每年的体育经费预算中需要包括安排体育教师外出考察的费用。

2. 参加科学研讨会费用

部分体育教师在正常进行日常教学工作的同时，还要开展体育专业的

---

① 王燕.多学科理论下学校体育课程体系的建设与发展研究［M］.北京：中国书籍出版社，2019.

科学研究工作，如研究哪些运动项目更适合提高学生的身体素质，如何培养学生终身体育的锻炼意识等。体育教师的科研工作进行到一定程度后就会撰写论文、发表论文，甚至还有可能受邀参加有关体育科研论文的研讨会、报告会。体育教师参加这些科学研讨会的费用也属于发展体育教学科研工作的经费，所以体育经费预算中应包括这些费用。

3. 科研成果鉴定费用

在学校或体育教师开展的科研项目中，有时为了鉴定科研成果的研究价值和应用价值，学校体育教学工作者还需要邀请相关领域的高级专家来校访谈评估，共同交流研究成果，因此学校需要支付专家的出场费用及专家来访接待的费用。

第三节　高校体育教学主体的管理

一、高校体育教师管理

高校体育教师是体育教学的主体之一，对高校体育教师进行科学管理有利于全面贯彻体育教育的方针政策、提升体育教师的思想水平和业务素质。对高校体育教师的管理要从以下六方面入手，如图6-1所示。

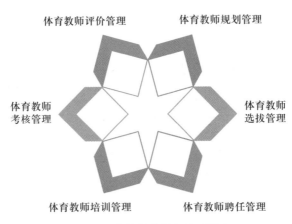

图 6-1　高校体育教师管理要素

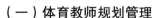

（一）体育教师规划管理

体育教师规划管理主要包括五个方面的内容。

1. 制订体育教师的编制计划

学校要想开展体育教学工作，就必须配备体育教师，为此在所有学科的教师编制中不会缺少体育教师的编制，这是学校开展体育教学工作的基础。学校体育教学编制的确定除了要符合国家规定，还要符合学校实际情况的需要，如学校的师生比例和体育教学任务。

2. 制订体育课时工作计划

制定体育课时工作计划的依据是学生在校期间的体育学科必修课、选修课、课外活动、体育比赛活动等学习任务。学校在此基础上对体育教师安排相应的工作。

3. 制订体育教师引进计划

为应对现任体育教师可能出现的休假、离职、退休等人员变动情况及学校学生增多的情况，学校要制定体育教师的引进计划。体育教师的引进要以本校体育教师的编制情况、年龄结构等为依据，有计划地引进有能力、有素质、学历高的体育教师。

4. 制订体育教师培训计划

尽管高校的体育教师都毕业于专业的体育院校，具备合格的任职能力，但这并不意味着体育教师就可以一劳永逸，不用学习体育知识和教学技能了。体育学科不是一成不变的，而是随着社会需求的变化而变化，为了保持体育教师的教学工作一直处于前沿地位，体育教师需要与时俱进、不断学习，这对于提高体育教师的教学素质和学校的体育水平起到积极的促进作用。体育教师培训计划可以分为两种，即长期培训计划和短期培训计划。长期培训计划是暂时离开学校参加专业学习与培训，短期培训计划不耽误平时教学任务，主要利用寒暑假等业余时间组织培训。

5. 制订体育学术交流计划

为了进一步提升体育教师的科研水平、教学水平等综合素质，学校应安排体育教师参与体育学术交流活动，为体育教师研究、学习如何提升教学质量、开展多元化的教学活动创造条件。

（二）体育教师选拔管理

在体育教学管理工作中，选拔体育教师是决定学校体育师资力量的关键因素。在选拔体育教师的过程中学校要特别注意两个方面的内容。

1. 扩大选拔范围

秉承着"不拘一格降人才"的招聘选拔理念，高校在选拔体育教师时应注意扩大选拔范围，同时还要开辟新的选拔渠道。通过以上两种措施，高校可以降低错过优秀人才的概率。

2. 具备优良的思想品行

高校在选拔体育教师时应注意考察体育教师的思想品行。事实证明，体育教师不仅要具有过硬的专业知识和技能，还要具有科学的教育理念、专业的教学思想。

（三）体育教师聘任管理

在完成体育教师的选拔工作后，就要开始对符合招聘条件的教师进行聘任管理。为保证聘任体育教师的质量，学校在开展管理工作时要注意三点要求。

1. 职能相称

由于体育教学的运动项目众多，所以一些体育教师除了具备基础体育课程教学技能之外，还发展了自己的专项运动技能，如篮球、排球、武术等。基于此项特点，学校就要在分配教学任务时使教师各司其职，能够发挥各自的运动特长。

2. 按岗聘任

与传统聘任管理方式"以人为中心"的管理方式不同，现在的聘任管理方式正在向"以事为中心"方向发展。新的管理方式通过对教师职责的明确和教师岗位意识的强化，能有效避免岗位设置不清晰、职责不明确现象的产生。

3. 职称评定

教师的职称评定是聘任管理的重要环节。职称评定考察的是体育教师的综合素质能力，职称评定能有效提高体育教师的工作积极性，激发他们的工作潜能。

（四）体育教师培训管理

随着教育改革的推进和体育教学的发展，社会和学校对体育教师的要求也越来越高，为了满足这种教学要求，体育教师就需要不断地提高自身的教学能力和综合素质，对所教课程进行再认识和再学习，为此体育教师需要适时参加教师培训学习。体育教师进修学校、自学考试机构、体育学院等机构是常见的体育教师培训机构。目前最常见的体育教师培训形式分为在职培训和岗位培训。

1. 在职培训

体育教师仍在学校任职，正常参加教学活动，完成教学工作，利用业余时间参加培训学习。常见的培训方式包括指定专人培训、业余自学等。

2. 岗位培训

学校根据当前体育教学工作的需要和对体育教师岗位人员素质的要求对体育教师开展一种有目的的组织性培训工作。

（五）体育教师考核管理

安排体育教师定期参加考核是检验他们教学水平的重要形式，而对体育教师开展考核管理的关键在于确定考核的内容、方式和评定标准。学校在进行考核管理时要坚持以下原则：发展性原则、实事求是原则和全面性与侧重性相结合的原则。

（六）体育教师评价管理

经过考核，学校就能获得足够的信息对体育教师的教学工作进行评价。体育教师的评价方式分为自我评价、领导与同行评价和学生评价。

1. 自我评价

体育教师根据教学标准和评价要求对自己的工作进行如实评定。

2. 领导与同行评价

由体育教师的上一级管理人员与共事的教师对体育教师的工作进行评价。

3. 学生评价

学生作为体育教学的主体之一，接受体育教师的悉心教导，但由于所处教学角度不同，可能在一些教学活动中不能理解教师的良苦用心，因而评价主观性较强。

二、高校教学对象管理

高校体育教学的教学对象就是高校学生，在体育教学中开展对学生的管理主要是为了通过管理更好地提升学生的身体素质和心理素质，并且能根据教学大纲顺利完成教学任务。

（一）学生体质健康管理

高校开展体育教学最基本的目的就是为了保证学生的身体健康，提高学生的身体素质。当前学生的身体素质与健康水平直接关系到我国未来社会建设的人才需求和人才质量问题，因此学校必须对学生在校期间的体质健康进行科学的、有效的管理。具体的管理措施包括五点：

（1）学校要积极开展健康宣传工作，定期对学生进行体质检查。

（2）建立健全学生体质健康管理制度，将体质检查的结果归入学生档案，并且在编写登记后汇入总登记册。

（3）加强对体弱、伤残学生的健康管理制度建设，为他们制订特殊的体育锻炼计划。

（4）开展对全体学生体质与健康状况的深入分析和研究，做好学生体育健康数据的收集与定期上报工作。

（5）学校领导应高度重视学生体质健康的管理工作，采取多项措施提升学生的身体健康水平。

（二）学生课堂纪律管理

要想顺利开展体育教学活动，就必须保证良好的课堂纪律和活动秩序。

要想做好学生课堂纪律的管理工作，则需要学校和教师的共同配合。一方面，学校要制定统一的行为规定；另一方面，体育教师要提升自己的教学活动组织能力和课堂控制能力，引导学生按照自己的节奏开展学习。

（三）学生课外体育活动管理

学校的课外体育活动是学校体育文化的重要组成部分，也是学生在校生活的重要组成部分。因此，学校和教师需要对这类体育活动进行正确的指导和管理，使之成为课堂体育教学的延伸和拓展，进而增强学生的体质，树立学生的健身意识，培养学生的运动特长。对学生的课外体育活动进行管理需要遵循四大原则。

1. 需求性原则

课外体育活动与课堂体育教学不同，课堂体育教学的学习内容大多是教学大纲要求的学生必须掌握的内容，学生必须学习；课外体育活动可以满足学生在课堂体育教学过程中没有体验过的运动需求，课外体育活动中的项目应该是受学生欢迎和喜爱的运动项目。

2. 指导性原则

学生开展的课外体育活动不是完全不受约束的自由活动，课外体育活动的开展也要遵循学生身心发展的规律、学生认知发展规律和运动负荷规律，并且需要体育教师在一旁给予必要的指导，这样一来，学生的课外体育活动就有了安全和保障，学生就可以尽情享受课外体育活动带来的无限乐趣了。

3. 多样性原则

学生对体育运动的需求是多种多样的，因为每个人的体育兴趣和运动基础是不一样的。因此，学校和体育教师在安排课外体育活动时应该充分考虑大多数学生的运动兴趣和运动需求，要突出多样性和选择性，这样才能激发学生参与课外体育活动的积极性与主动性。

4. 可操作性原则

学校为学生安排和设置的课外体育活动应建立在学校现有体育资源和

教师资源的基础上，应具有实践性和可操作性。

（四）学生学习评价管理

学生学习的评价管理方式可分为自我学习评价、教师评价和学生间的互评。

1. 自我学习评价

学生是最了解自身学习情况的人，因此自我评价是一种必要的评价方式，学生可参照自己在学期开始时设立的学习目标，对照期末学习的成果，对自己的成绩变化、学习态度、学习习惯等方面进行评价。不仅要凸显自己的优点，还要认识到自己的不足，为今后的发展进步奠定基础。

2. 教师评价

通常来讲，教师对学生的一般学习情况比较了解，但由于学生数量众多，教师可能难以对所有学生的学习情况都了解得十分透彻。教师在评价学生时不仅要考虑到学生对所学知识与技能的掌握情况，还要结合学生平时的学习态度、锻炼意识，然后按照统一的标准对学生进行公正公开的评价。[①]

3. 学生间的互评

学生之间的互相评价也是教学评价的重要方式。学生之间开展互相评价有利于学生相互交流和学习，有助于学生发现自己的优势和不足。在开展互评之前，体育教师要规定评价的标准，引导学生客观评价、理性评价。

---

① 王燕.多学科理论下学校体育课程体系的建设与发展研究［M］.北京：中国书籍出版社，2019.

第七章 高校体育教学管理
的创新发展

第一节 高校体育教学管理的观念创新

观念创新是我国当前体育教学管理工作创新发展的基础。创新体育教学管理观念应该从开拓管理思维、发展管理理念角度进行探索分析。高校体育教学工作管理者应该以开拓创新的思维方式和科学有效的管理理念指导体育教学管理工作的开展，尤其是在教学工作开展的管理决策、管理规划、执行监管方面。此外，当前高校体育教学管理工作观念的创新还应与我国经济社会的发展需要相适应。

一、高校体育教学观念创新

开展高校体育教学管理观念的创新势在必行，但首先应该了解体育教学观念创新的主要依据和体育教学观念创新的主要内容，或者说可以从哪些角度出发认识和把握教学观念的创新，最终才能达到提高体育教学管理水平、发展体育教学事业、促进学生身心健康发展、培养现代化人才的目的。

（一）高校体育教学观念创新的主要依据

高校体育教学观念创新的依据是高校体育教育学科特性发展的需要和高校培养现代化人才的需要。高校体育是一门涉及了自然科学与人文科学两大科学范畴、兼具科学理论与方法体系的综合性学科。它不仅研究如何运用科学的方法促进学生的生长发育、身体健康，培养学生的锻炼意识和体育精神，还要研究如何在训练和比赛过程中增强学生的心理素质、发散学生的思维、提高学生分析问题和解决问题的能力。这些研究内容可以说与现代化人才的培养息息相关，研究的最终目的是为建设中国特色社会主义事业储备人才。身处国际竞争日益激烈的今天，通过展望未来经济社会的发展可以发现，培养现代化人才的观念应立足于 21 世纪社会发展与人才竞争的需要。

高校体育教育的首要任务是深刻理解当前素质教育德智体美全面发展的核心理念，注重学生体育发展的基础作用，并且以此为前提提高高校学生的思想道德品质、科学文化素质、劳动技能素质、心理素质及个性素质等。与此同时，积极梳理这几项素质教育之间的内在联系，做到以身体健康教育为本体，以思想道德教育为导向，以科学文化素质为中介，以发展学生个性、激发学生的创造力和全面提高综合素质为最终目标。这样不仅有利于改变传统教育观念重视思想道德塑造和文化知识积累、轻视身体素质培养的错误思想，也有利于把加强学校的体育教育工作提高到面向未来、通向教育现代化的层次和高度。

（二）高校体育教学观念创新的主要内容

1. 乐趣型体育教学观念

当前我国部分高校仍然坚持采用传统的体能型体育教学观念指导体育教学活动的开展。体能型体育教学观念的主要特点是完全以体育教师为中心，通过向学生灌输枯燥的体育知识和开展大量重复的体育项目训练向学生传授体育文化知识和运动技能，学生在教学中失去了教学主体的地位，完全处于被动接受的学习状态，教学效果可想而知不是特别理想。创新体育教学观念就要实现当前体能型体育教学观念向乐趣型体育教学观念的转变，使高校体育教育适应学生身心发展的要求和社会发展的需求。

具体分析，就是体育教学活动的设计与开展一定要符合学生的兴趣需求，要以学生为主体，充分调动学生的学习积极性，发挥他们的主观能动性。乐趣型体育教学观念对教师的要求：

首先，教师要充分考虑学生的身心特点和成长需求，理解高校学生学习体育的真实想法和期待达成的目标，仔细思考学生的需求。

其次，在了解学生需求的基础上，结合教学目标和教学任务，根据学生的兴趣爱好设计和选择教学内容。

再次，教师要选择科学有效的教学方法引导学生进行体育知识与技能的学习，充分发挥课堂管理技术和教学技巧激发学生学习的主动性与积极性。

最后，在培养学生的运动技能、开发学生的个性方面，教师要鼓励学生运用灵活的思维、积极的态度去面对和解决学习过程中遇到的实际问题，切身体会体育运动的魅力和乐趣，进而形成终身体育的意识。

2. 科研型体育教学观念

经验型体育教学观念在高校体育教学中十分盛行。经验型体育教学观念是崇尚传统身体训练教学手段的一种观念，这一教学观念强调通过对学生开展体育教学及训练达到增强体质的目的。教师领导学生开展体育活动的运动量是衡量教学质量好坏的指标。然而，这种认为只要每周上两次体育课，开展两次体育教学活动就能增强学生体质、完成教学目标的想法是不现实的，所以需要向科研型体育教学观念转变。

高校体育教学观念需要由经验型体育教学观念向科研型体育教学观念转变的另一原因在于随着高校体育科研水平的提升和体育教学的改革发展，体育科学已经成为涵盖众多学科内容的全面型学科。科研型体育教学与传统体育教学的一大区别就是科研型体育教学更加注重科学化、合理化教学活动的设计与安排，要求在促进学生身体健康、提高学生身体素质的基础上，注重学生智力的发展和整体素质的提升。

二、高校体育教学管理观念创新

（一）以人为本

高校体育教学管理工作中最重要的内容就是要做好人力资源的安排与管理，在管理过程中，应坚持"以人为本"的原则。无论是体育教师还是管理体育教学工作的管理人员都是服务于学校体育教学工作的人才，对于人才的管理应注重人文关怀，对于人才的合理需求，如创新教学模式、改善教学条件等学校应尽量满足，只有这样才能充分调动人才工作的积极性和主动性，才能从根本上促进学校体育教学事业的发展。

（二）开放管理

高校体育教学管理工作的开展既要保证管理机构内部上下级人员之间信息的及时共享和有效沟通，还要保证学校体育教育部门与校外社会各领域信息沟通的无障碍。不仅如此，体育教学工作管理的开放性还意味着学校相关部门要主动聘请适合体育教学与管理工作方面的优秀人才，为学校体育教学的发展引进新鲜血液，以保证管理工作的活性。

（三）动态管理

高校体育教学管理工作的开展应坚持动态管理。因为从本质上来讲，管理是一个动态的、不断发展变化的过程，它不是一成不变的、没有生机的。尤其随着现代社会的快速发展，体育教学不断地发展和变化，影响体育教学管理的因素也越来越多。因此，学校的教学管理人员应坚持"动态管理"的理念，抓住时机，解决问题，并且根据问题的变化转变解决问题的思路，创新解决问题的方法。

（四）服务管理

高校体育教学管理工作的开展应坚持服务管理的观念。当前学校教育教学管理的模式以行政化管理为主，行政化管理的明显弊端就是管理方式的僵硬及管理的行政命令化，这两个因素严重影响了体育教学工作者的工作积极性。因此，管理人员应树立"服务管理"的理念，以服务教师工作和服务学生发展的态度开展管理工作，促进学校体育教育向着更好的方向发展。

（五）多元化评价

高校体育教学管理工作的开展应重视"多元化评价"。例如，学生管理评价：在高校体育教学活动的开展过程中，往往会出现这种情况，即某些学生的身体素质和运动能力比其他学生要好一些，经常不用像其他学生一样辛苦训练就能在体育水平测试中取得不错的成绩；还有一部分学生的体育基础较薄弱，明明在训练时已经很努力了，但是成绩依然不太理想。这时就会影响他们学习体育的积极性。因此，体育教学工作管理者一定要改变以往单一的成绩评价标准，通过进行综合的衡量与考虑，根据课程改革的评价模式，使用最新颁布的学生体质健康评判标准。这不仅能作为衡量学生体质强弱的标准，还能通过比较看出学生进步的程度。

第二节　高校体育教学管理的思路创新

新时代的高校教育正在朝着终身教育、国民教育、教育现代化的方向迅速发展。随着高校教育的发展变化，高校体育教学管理工作的开展也迎来了一定范围内的改革和创新，其中非常重要的一点就是高校体育教学管理发展思路的创新，具体来讲，就是通过高校体育课程的改革创新促进教学管理的发展。高校体育课程改革创新的主要原因来自经济发展和社会建设的需求。由于这种需求是在经济社会发展过程中自然而然产生的，因此其发展趋势是不可抵挡的。本节主要介绍两种通过高校体育课程的改革创新促进教学管理发展的创新思路。

一、"终身教育"为导向的个体发展思路

早在 1965 年联合国教科文组织召开的第三届促进成人教育国际委员会会议上，联合国教科文组织成人教育科科长保罗·朗格朗就提出了要

重新认识和界定教育的思想和概念。他认为不能单纯将教育视为只在学校内进行的教育，而要将教育定义为贯穿人一生的一种行为和状态。这是终身教育思想首次被正式提出，是教育思想在教育史上的重大进步与创新。

1978 年，联合国教科文组织进一步就体育运动教育的发展表示，必须有一项全球性的、民主化的终身教育制度来保证体育活动与运动实践得以贯穿每个人的一生。也就是说，终身体育教育的思想和制度应在全球范围内建立起来，每个人参加体育运动的机会都应得到保证。

家庭教育、学校教育是高校学生进入社会之前接受的两种主要教育形式，而他们接受的体育教育基本上是学校教育的内容，一般在家庭教育中较少涉及。高校学生在接受完学校教育之后进入社会开始新的生活和学习，一般不会再接受系统的体育教育。因而他们需要在学校教育的最后阶段确立终身体育的理念，培养终身体育的意识和坚持锻炼身体、提高体能的习惯，这将是他们今后开展生活和工作的坚实基础和有力保障。

（一）生活教育及发展方向

我国著名的教育家陶行知在多年以前就曾强调过生活教育的重要性，如何在高校体育教学过程中融入生活教育是现如今我们应该思考和解决的问题。事实上，将生活教育融入高校体育课程中的教育可以称为生活体育。生活体育的概念可以从两个角度理解：一是让体育教育贴近生活，使体育运动的开展满足人们现代化生活的需求，为人们的生活和工作服务；二是以现代生活中出现的生态问题和生存危机为教学内容的依据，发现并创造出新的教学内容，采用新的教学方式引导学生开展体育活动，尝试解决困难和危机。

从教育贴近生活的角度来讲，在设计高校体育教育时考虑运动项目的生活化可以选择一些学生在今后的工作和生活中容易开展的运动项目，如羽毛球、乒乓球、太极拳等；同时还要满足学生对时尚运动项目的喜爱和追求，如篮球、网球、健美操、滑雪等运动项目既属于当今社会的主流体育文化，又兼具易得性特征，比较受年轻人的欢迎。

从发现生态问题、缓解生存危机的角度开发和设计新型体育项目也越来越成为体育教育发展的趋势，"生态体育"锻炼方法应运而生，如野游、登山、攀岩等。生态体育锻炼方法有两个明显的优势：一是人们身处良好的生态环境中，大自然的美好景色和新鲜空气舒缓了人们的情绪，愉悦了人们的心情；二是通过这些具有难度的锻炼活动提高了人们参加体育运动的兴趣，激发了人们的运动潜能，提高了人们应对突发事件的能力。

（二）情感教育及发展动态

在体育教学活动的开展过程中教师可以发现有些学生对参加体育锻炼活动表现得不太积极、缺乏主动性和热情；也有一部分学生十分乐意参加体育锻炼活动，甚至到了迷恋的程度，这些都是情感反应。学生情感的发展需要良好的学习环境和人际交往关系，情感在体验中培养，在冲突中升华。

体育在促进学生情感发展方面的功能突出表现在两个方面：一是体育运动本身就是一种娱乐活动，具有放松身心、愉悦心情的作用。为学生开展的体育活动应是能为学生带来愉快心情和欢乐气氛的活动。因而，快乐体育是设计体育教学课程的重要价值取向，开展娱乐性的体育运动项目也是体育课程改革的重要措施。二是情感教育属于对学生非智力因素的发展教育。在体育教学活动的开展过程中，教学条件与教学情境不断变化，学生的人际交往具有社会性特征，学生可能在这一活动中扮演不同的角色，要理解和接受不同的信息，因而有利于其非智力因素的开发，也有利于其体验不同的情感变化，如开心、激动、失望、紧张、难过等。

（三）竞技教育及发展动向

竞技类运动是个性化倾向十分明显的一项活动，是人们在日常生活中展现自我能力和魅力的主要行为方式，人们在竞技运动比赛过程中所展现的对胜利的渴望、团队集体荣誉感和个人的荣誉感、合作意识等，无一不展现着运动者的个性特征和自我表现意识。正是因为竞技类运动展现出来的竞争性特征，使竞技体育的娱乐性和健身性特征逐渐淡化，继而引起了部分专家学者对竞技运动教育的抵触。

竞技体育运动实际上可分为不同层次结构的竞技运动。高水平的竞技运动不适合所有学生的学习，但却适合一部分拥有竞技天赋的学生，它能使学生的个性得到充分展现，激发学生的潜能，体现学生的价值。因此，竞技运动仍然是高校体育教学的重要内容，在高校体育课程的设置上，应把竞技教育置于重要位置。

目前我国大部分高校体育课程的内容设置都比较单一，无法满足学生个体发展的需求。这时就要通过开展体育课程的改革和增加竞技运动项目的设置，激发学生的学习兴趣。例如，开设竞技运动项目选修课或者引导学生参加自己感兴趣的运动教学俱乐部，促进高校竞技教育的发展，为学生个性发展和运动特长的培养提供保障。

（四）保健教育及发展动态

将体育锻炼工作和卫生保健工作结合在一起开展体育教育是我国体育工作开展的一项重要内容，也是促进我国体育事业发展的重要经验。在设置高校体育课程时将"健康第一"的理念作为指导思想是正确的，但"健康第一"理念指导的体育课并不能充分整合"健康教育"与"体育教育"思想。因为健康教育的内容广泛，讲授这些内容需要大量的时间，并且体育课以身体练习为主，而健康课则以传授理论知识为主，两者课型不同。

总而言之，保健教育和体育教育在高校体育课程设置过程中是可以结合的，但这种结合是十分有限的。保健教育体现在体育教育过程中，就是要使用保健知识和运动健身的原理指导体育运动的进行，进而保障体育教学的安全与有效。除此之外，还有一点是体育教师需要注意的，那就是在体育课中充分运用运动处方的知识使体育课的课程设置更加科学。例如，

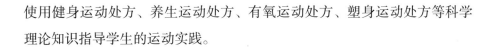

使用健身运动处方、养生运动处方、有氧运动处方、塑身运动处方等科学理论知识指导学生的运动实践。

二、"同步推进"为导向的总体发展思路

高校体育教学管理工作的开展应坚持"同步推进"为导向的总体发展思路。具体分析，"同步推进"是高校体育课程改革工作的开展应该与高校教学的总体改革工作、体育的社会化发展进程、整个体育产业的发展同步。"同步推进"的最终目的是通过高校体育课程的全面改革，提高高校体育教学的整体实力与学术水平，推进高校体育教学管理工作的开展。

（一）与高校教学的总体改革工作同步

体育教学课程的改革需要与高校教学的总体改革工作同步进行，这是基于多年来体育教学工作的发展经验总结出来的。体育教学课程改革与高校教学总体改革工作同步表现在两方面：一是高校教学总体改革工作的开展为体育课程的改革创新奠定了基础、创造了条件，要求体育课程必须参与教学改革；二是体育课程改革作为改革创新的引领者，促进了高校教学工作的全面改革。例如，北京某高校的教学工作管理部门决定在全校范围内施行开放自主的课程管理新模式，全校所有院系的所有学科都实行网上选课、学生自主构建课程系统的开放式教学，在这种形势下，体育学科的课程也必须参与改革。再如，北京某大学的旅游学院通过实施体育课程的改革达到了"在内部开发教学潜能，在外部树立学院形象"，并且带动全校教学改革工作开展的效果。该学院之所以能以体育课程改革引领整个学院、乃至学校的改革工作，是因为该学院的主要专业即旅游专业与体育专业关系密切，旅游本身就是一种体育活动项目。与此同时，该学校还充分利用体育学科自身的优势特征推进整体改革的进程，这种优势特征主要体现在体育课程改革可以树立学校形象、发扬学校风范、扩大学校的社会影响、开拓学校的旅游市场。

（二）与体育的社会化发展进程同步

高校体育课程的改革与体育的社会化发展进程同步的含义是高校体育课程改革可以成为体育总体改革的组成部分，从而推进体育的社会化发展进程。

第一，体育教师校际兼课，学生校际选课。

第二，高校内的体育设施向社会居民开放，同时高校师生也可以使用社会上的体育设施。

第三，基于当前高水平运动队"一条龙"式训练发展态势，高校体育课程的改革应与基础教育中体育课程的设置相协调。

第四，随着高校网络信息技术的普及与应用，高校体育发展的信息渠道更加通畅，能及时获悉社会体育的发展动态，体育社会化的步伐进一步加快。

（三）与整个体育产业的发展同步

将体育课程的改革与学校产业的开发紧密结合在一起是北京某大学的教学改革思路。该校与长城相邻，因此该校的体育教学管理部门决定利用自身的地理优势和资源优势，同时进行体育专业的课程改革与长城拓展运动基地的开发。长城旅游景点中的拓展运动基地为该校学生的实习基地。当景点和基地建成之后，就可以同时推进学校教育事业的发展与对外旅游业的开发，并且可以同时提供对学校内部的无偿服务和学校外部的有偿服务，这是一个体育课程改革与产业开发同步推进的良好实践。

第三节　高校体育教学管理的创新实践

一、人才创新

高校体育教学管理工作中的人才创新工作开展的关键在于人才的培养。人才的培养是高校体育教学管理工作的重要组成部分，要特别重视提高体育教师和专业体育教学管理人员的专业素质和业务水平，这是创新教学管理工作的基础和前提，如图 7-1 所示。

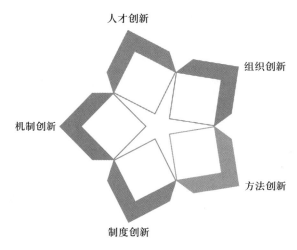

图 7-1　高校体育教学管理的创新实践

（一）加强高校体育教师队伍的建设

在开展体育教学管理工作的过程中，学校体育部门要特别重视建设高校体育教学工作的主力军——高校体育教师队伍。拥有一支优秀的体育教师队伍能极大地促进高校体育教学工作的顺利开展和体育教学水平的提高。优秀的体育教师应具有健康的身体、完善的性格、丰富和体育专业知识和运动技能、高超的教学水平和实践能力等。体育教师的这些优秀素质将会直接影响学生的体育学习和全面发展。

在具体的教师队伍建设工作中，学校主管部门应做到以下两点：

第一，针对性地、定期地组织和安排体育教师开展专业技能学习和学术交流，进一步提高体育教师的专业素质和教学能力。

第二，应继续优化体育教师队伍结构，选用不同性别、年龄阶段、学历及拥有不同教学经验的教师们构建教师队伍，引导他们共同学习、共同进步。

（二）提高体育教学管理人员的素质

体育教学工作管理人员是开展体育教学管理工作的主体，体育教学工作管理人员各方面素质的提高对于进一步完善当前的体育教学管理工作具有重要的意义。具体分析，学校主管部门应从思想层面重视开展体育教学工作管理人员的培训工作，为他们学习和掌握现代体育教学管理的知识和方法提供更多的机会和平台，从而开阔他们的视野，提高他们的综合素质和服务能力，适应新形势下体育教学管理工作的需要。

二、组织创新

组织创新是体育教学管理工作创新发展的另一重要组成部分。组织创新的含义和本质在于通过对组织内部各方面资源的优化、整合和再配置，改变原来规模庞大、臃肿的部门模式，精简部门构成，同时根据相应的职能完善组织结构，充分发挥组织内成员的聪明才智和工作能力。开展组织创新的主要原因在于体育教学管理工作的高效开展需要十分明确的权利和责任划分，同时组织创新也有利于激发组织内成员工作的潜能，有益于整体管理效率的提高。

具体分析，组织创新需要进一步改革创新组织的结构和管理模式。转变组织结构，由垂直管理结构转变为水平管理结构；转变管理模式，由自上而下的金字塔式管理模式改为更加扁平化的管理模式。传统金字塔式管理模式的特点是注重管理工作开展的顺序与逻辑，组织内分工过细，组织机构层次重叠。经实践检验，这种构成特点有很大的弊端，那就是责任分工不明确、工作效率低下、上级与下级之间沟通不畅，从而严重影响了下级工作人员的工作积极性，也不利于各种方针政策的执行。采用扁平化的管理模式有效减少了不必要的管理层次，提高了上下级之间的沟通效率，使各项方针政策能被快速落实，大大提高了组织管理工作的灵活性。

三、方法创新

方法创新是体育教学管理创新发展的重要组成部分。任何管理工作的开展都有着相应的方法体系，这些方法体系是实现管理目标、落实管理工作的必要环节。除此之外，管理方法与管理实践有着密切的联系，管理方法的科学性和可操作性能促进管理实践的进行。具体分析，高校体育教学管理工作的方法创新可以从三方面开展。

（一）管理方法的综合运用

在高校体育教学管理工作的开展过程中，不同事项、同一事项的不同管理阶段需要采用的管理方法都是不一样的。从宏观角度分析，体育教学管理的方法可分为经济、行政、法律三大类别。管理人员应该熟练掌握不同类别的各种管理方法，清楚这些方法的优点、缺点和适用范围，在具体的实践过程中，尽量实现方法的优势互补。

（二）管理方法的借鉴调整

管理方法创新的另一有效途径就是管理人员要注重观察和学习其他领域的管理方法，选择一些适用于教学管理工作的方法进行适当的调整或改造，观察方法的使用效果。

（三）管理方法的技术应用

管理方法创新的第三个途径就是管理人员根据体育教学管理系统的结构和特点，在日常的体育教学训练和教学管理工作中引进互联网信息技术、计算机多媒体技术、统计技术、决策技术、分析技术、目标管理技术等先进的科学技术。

四、制度创新

制度创新是体育教学管理工作创新发展的关键因素。在高校体育教学工作不断发展和变革的过程中，往往会出现很多未知的或意料之外的情况，为了有针对性地应对和解决这些问题，保证各项管理工作科学的、有序的开展，必须不断完善和创新体育教学管理制度。通常来讲，管理制度的创新可以从两方面入手：一是可以对已经制定的制度进行完善；二是根据需要制定新的管理制度。具体分析，管理人员对体育教学管理制度的创新应做好三个方面的工作。

（一）明确部门职能

进行体育教学管理制度的创新应明确管理部门的具体职能。深化管理体制改革的核心在于转变管理部门的职能，因此体育教学管理制度的创新也应在进一步明确管理部门的职能环节有所突破，只有各个部门明确了自己的职责和任务，才能更好地开展工作，身处教学一线的体育教师才会清楚解决问题的途径。

（二）完善监管制度

进行体育教学管理制度的创新还要完善监管制度。完善监管制度是保证管理工作合理、有序、健康开展的必要手段。体育教学管理部门不仅要加强自我监督管理，还要积极配合上级部门的监管工作，接受社会各界的监督管理，保证管理工作的公平、公正。

（三）实现资源优化配置

进行体育教学管理制度的创新需要对管理资源进行优化配置。因为体育教学活动的开展需要借助多方面的资源，为了不浪费资源，使资源的利用率达到最高，管理部门就要对各项资源进行优化整合，完善资源配置的相关制度，这是各方面体育资源充分组织、利用和协调的有效保障。

五、机制创新

高校体育教学管理工作的机制创新是规范现代体育教学管理机构日常工作、提高体育教学工作管理人员工作积极性的有效措施。高校体育教学管理工作机制创新的主要内容包括激励机制、保障机制和风险机制的建立与完善。

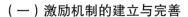

（一）激励机制的建立与完善

1. 激励机制建立的依据

激励方法是体育教学过程中常用的教育手段，高校体育教学管理激励机制建立的主要依据是参与体育教学工作的主体之间的利益取向，即体育教师、高校学生和教学工作管理者三者之间的利益取向。建立激励机制的主要目的在于通过各种措施和手段提高这三个主体参与体育教学工作的主动性和积极性，激发他们学习和工作的热情，进而提高高校体育教学的水平，促进高校体育教学事业的可持续发展。

2. 激励机制的主要方式

首先，在高校体育教学管理工作的激励机制中，体育教师、高校学生、体育教学工作管理者既是激励主体，又是激励客体。其次，使用激励的主要方式有两种，即物质激励和精神激励。

（1）物质激励。

在高校体育教学管理工作中，对教师和管理者实施物质奖励包括给予优厚的福利待遇，提高工资待遇，颁发奖金、奖品，晋升职务、职称等。例如，最受体育教师关注的是职称的晋升，这主要是因为教师职称的晋升会直接影响其收入和未来教师生涯的走向。对此，学校必须给予高度重视，通过职称的科学评定引导教师的工作重心往学校期望的目标和方向发展，提高体育教师的工作积极性。

（2）精神激励。

在高校体育教学管理工作中，对激励客体使用精神奖励的方法就是对体育教师和管理者授予某种荣誉称号。一般来说，荣誉是组织对表现出色的个体或群体的一种积极的、正面的评价，具有增强个体或群体自信心的作用，是组织激发个体或群体积极开展工作、努力争先评优的重要手段。精神激励的经济成本一般没有物质激励的成本高，但如果应用在合理的时间和场合，甚至能获得比物质奖励更好的激励效果和促进效果。在高校体育教学管理工作中，给予部分在体育教学工作中表现突出的教师必要的荣誉奖励是一种非常好的激励方式。

3. 激励机制的注意事项

在建立高校体育教学管理激励机制时，要合理运用物质激励和精神激励两种激励方式激励大家的工作意识，而要想发挥这两种激励方式的最佳效果，还应注意三点。

（1）两种激励方式结合使用。

在现代组织管理体系中，奖金福利等物质激励是十分常见的激励方式。但在高校体育教学管理工作中，物质激励不是万能的，最重要的是从被激励者的需求角度思考问题，建立一个科学的、以人为本的激励机制。这项机制应该能满足不同被激励者的不同发展需求，以便管理者更具有针对性地开展管理和激励，让被激励者切实感受到组织的信任和肯定。以对学生的激励方法为例，管理人员应主要采取精神激励方式，培养学生的集体荣誉感和提高其自信心；也可适当采取物质奖励方式，满足学生的一些物质需求。

（2）激励机制必须保证公平公正。

公平公正是教学管理部门建立激励机制应遵循的主要原则，因为一旦失去了公平，如在评选先进个人或集体的过程中出现了暗箱操作的现象，就会使激励机制成为少数人操控的、只为自身牟利的制度。这样的激励机制已经失去了其存在的意义，不仅不能发挥其原有的功效，还可能起到相反的作用，造成个体或群体对组织机构的不信任和质疑，人员工作积极性和学生学习积极性降低，进而不利于体育教学工作的进一步开展。因此，良好激励机制的确立必须广泛征求教职工和学生的意见和建议，一旦机制确立就不能轻易改动。激励机制的产生、确立和实行过程都要接受成员的监督，以免出现暗箱操作、奖励与实际工作成果不匹配的现象。

（3）激励机制与日常考核标准结合使用。

教学管理部门不能只凭借单纯的激励机制推动日常管理工作的进行，

日常管理工作的开展还需参照对教职工和学生的日常考核标准。也就是说，必须把激励机制和日常考核标准要求结合起来，这样才能激发教职工和学生的最大潜能。

（二）保障机制的建立与完善

1. 保障机制建立的必要性

高校体育教学管理工作的开展有必要建立相应的保障机制，究其原因具体可分为三点。

（1）随着时代的发展与科学技术的进步，使用创新材料建造的器材和部分具有高科技含量的器材设备纷纷出现。为了使高校体育教学工作的开展紧跟时代和社会的发展潮流，现代体育教学的工作是应尽快引进这些新型器材设备，也就是说，学校的体育教学设备应得到必要的升级。

（2）当前阶段各高校教学活动开展遇到的共同问题是上级教育管理部门划拨的用于开展教学工作的教育资金不能满足高校开展教学的实际需求，这个问题也是目前影响我国教育进一步发展的重要经济因素。

（3）各学校在分配有限的教育资金时，由于资金有限，只能将这些资金用于开展主要学科的教学工作上。与其他学科相比，体育教学部门能得到的教育资金较少，这将直接影响体育教师的工作积极性和体育教学工作的开展。

2. 保障机制的主要内容

高校体育教学管理体系中的保障机制主要涉及国家层面与学校层面两个方面的内容。

（1）从国家层面出发，国家相关部门应继续完善国家教育经费投入的体系建设，提高教育投入在国内生产总值中所占的比例，保证高校用于教育教学的资金充足。

（2）从学校层面来讲，用于教学工作和教学管理工作的支出应是学校支出的主要部分。各高校可以结合本校的实际发展需要选择使用院系两级合作的财务预算管理方式，或者是学院一级的财务预算管理方式。开展管理工作的原则是无论学校选择哪种财务管理方式，资金的管理和应用都要保障一线教学工作的需要，尤其要保障学生参加实训和校外实习所需的费用。

（三）风险机制的建立与完善

1. 风险处理机制建立的必要性

首先，不同于其他学科的教学内容，体育教学的授课内容主要是身体的训练和运动技能的掌握。因此，体育教学过程中更容易出现一些安全管理问题和风险隐患。

其次，在高校体育教学管理实践中建立风险处理机制，能有效保障体育教学活动安全进行。也就是说，高校应根据风险发生的概率和风险事件的严重程度做出不同的预测，通过预测建立相应的风险处理机制，排除可能造成风险的因素。一旦风险出现，就能在最短的时间内控制事态的发展，防止事态恶化，并且把负面影响降到最低，保证教学工作的顺利、有序开展。

2. 风险主体的构成

通常情况下，风险主体包括客观事物风险主体和人为风险主体两种类型。

（1）客观事物风险主体。

此类风险主要指由体育教学设备或体育教学环境引起的安全隐患风险。例如，某些体育教学器材设备因使用时间过长或者保养不当出现的零件缺失或安装不牢固现象，或者体育教学活动场地存在积水、塌陷或未发现的障碍物等隐患。因此，在每次体育课之前，体育教师或者场地的管理人员都要对教学中需要使用的器材进行细致检查，单双杠、篮球架是否牢固，场地周边是否存在障碍物或利器等。

（2）人为风险主体。

此类风险主要是教学主体学生在进行身体训练或学习新的运动技能的过程中由于技能掌握不充分导致动作出现失误而受伤或因为没有掌握正确

的保护动作导致运动损伤的风险。因此，体育教师在教授体育运动技能时一定要循序渐进，并且传授给学生正确的自我保护动作。学校要组织教职工和学生开展应急救援技术的学习和训练，以应对突发紧急事件可能造成的人员受伤情况。

参考文献

［1］常德庆，姜书慧，张磊.高校体育教学与运动训练研究［M］.长春：吉林出版集团股份有限公司，2020.

［2］陈辉映.身体素养视域下终身体育的内涵研究［J］.湖北体育科技，2021，40（07）：585-588.

［3］陈金刚.高校体育教学管理现状与对策分析——评《体育教学管理与教学现状》［J］.当代教育科学，2021（08）：2.

［4］陈轩昂.新时期高校体育教学的改革与发展［M］.北京：航空工业出版社，2019.

［5］丛波，金有为.信息化2.0时代高校体育教师信息化教学能力提升研究［J］.沈阳体育学院学报，2021，40（01）：40-48.

［6］崔天意，邹琳.智慧校园背景下高校体育教学管理平台建设研究［J］.当代体育科技，2021，11（07）：157-159.

［7］杜惠平.高职院校体育教学管理的现状分析与对策研究［J］.山西经济管理干部学院学报，2018，26（01）：81-84.

［8］杜晓兵.创新教育管理模式　提高体育教学质量——评《高校体育教学管理改革与模式构建》［J］.山西财经大学学报，2021，43（07）：129.

［9］段青.大学生体质健康状况与高校体育教学改革的思考［J］.田径，2021（09）：29-32.

［10］冯云.体育社会学视角下高校体育教学的改革实践［J］.衡水学院学报，2021，23（04）：36-41.

［11］龚新芳.浅析高校体育教学对学生终身体育意识的培养［J］.当代体育科技，2021，11（26）：99-101.

［12］郭道全，魏富民，肖勤.现代高校体育教学概论［M］.北京：中国商务出版社，2015.

［13］郭秀清.课程思政在高校体育课堂教学中的融合与渗透［J］.当代体育科技，2019，9（21）：76-77.

［14］华宝元.教育管理学四大范畴视角下高校体育教学管理创新研究［J］.广州体育学院学报，2017，37（01）：107-109.

［15］黄孟.体育教学中培养学生终身体育意识的方式研究［J］.佳木斯职业学院学报，2021，37（10）：102-103.

［16］姜玉红.移动互联网场景下的高校体育教学改革研究［J］.西南师范大学学报（自然科学版），2018，43（12）：178-184.

［17］李建芳，陈汉华.现代高校体育教学探索［M］.北京：北京体育大学出版社，2001.

［18］李凯."立德树人"视角下高校体育教学中渗透思想政治教育的有效途径研究［J］.体育世界（学术版），2019（11）：115-116.

［19］李平平，王雷.机遇与挑战——翻转课堂对我国高校体育教学的启示［J］.南京体育学院学报（自然科学版），2015，14（04）：122-128.

［20］李姗.现代教育思想在高校体育教学中的应用研究［M］.成都：四川大学出版社，2014.

［21］李晓琨，赵西堂，高峰.我国高校体育教学绩效评价研究述评［J］.南京体育学院学报，2019，2（09）：63-74.

［22］李雪宁，刘阳.生活化视角下高校体育教学发展研究［J］.体育文化导刊，2020（07）：99-104.

［23］林峻先.高校体育教学改革与大学生终身体育意识的培养研究［J］.佳木斯职业学院学报，2021，37（12）：100-102.

［24］刘海军.高校体育教学"翻转课堂"模式构建研究［J］.吉林体

育学院学报，2015，31（03）：72-76.

［25］刘景堂.高校体育教学改革研究［M］.北京：中国纺织出版社，2019.

［26］刘立新.体育大学生社会适应性特征对高校体育教学的启示［J］.北京体育大学学报，2017，40（01）：78-83，95.

［27］马鹏涛.高校体育教学改革创新与科学化训练研究［M］.北京：新华出版社，2018.

［28］荣慧珠.新媒体环境下高校体育教学改革探究——评《高校体育教学管理改革与模式构建》［J］.中国学校卫生，2018，39（10）：1601.

［29］舒宗礼，王华倬.我国高校体育教学中生命教育缺失现象透视及其回归［J］.西安体育学院学报，2015，32（04）：502-507.

［30］宋昭颐.高校体育教学管理现存问题及应对策略分析［J］.当代体育科技，2021，11（17）：119-121.

［31］孙鸿，刘新民.高校体育教学改革的新视野——从追求体育功利转向保障学生体育权益［J］.西安体育学院学报，2015，32（02）：229-233.

［32］孙卫红，张学新.高校体育教学论课程教学模式改革——基于体育教学论对分课堂教学模式的设计与实践［J］.体育成人教育学刊，2017，33（06）：70-73，87，99.

［33］田小静.基于课程思政理念的高校体育教学改革途径［J］.体育科技文献通报，2021，29（01）：45-46，50.

［34］王佳茵.高校体育教学信息化建设与管理的实施策略研究［J］.教育理论与实践，2020，40（06）：62-64.

［35］王满.面向阳光体育的高校体育教学模式创新体系构建［J］.西南师范大学学报（自然科学版），2014，39（09）：185-188.

［36］王维智.浅谈高校体育教学中学生终身体育意识的培养［J］.体育世界（学术版），2019（11）：129，110.

［37］王永志.高校体育教学课内外一体化教学模式的构建［J］.吉林农业科技学院学报，2020，29（06）：107-110.

［38］吴润平.阳光体育运动背景下高校体育教学的改革现状与模式构建［J］.广州体育学院学报，2015，35（05）：100-103.

［39］夏越.现代高校体育教学研究［M］.北京：北京理工大学出版社，2019.

［40］肖尔盾."互联网+"背景下高校体育教学混合学习模式探索［J］.中国电化教育，2017（10）：123-129.

［41］谢俊.高校公共体育教学管理的思考——基于课程、学生和教师三维视角［J］.海南广播电视大学学报，2018，19（01）：115-118，125.

［42］杨清轩，王毅."健康中国"视阈下学校终身体育改革与发展研究［J］.西安体育学院学报，2019，36（01）：117-120.

［43］杨小燕，蒋苏，朱永振.基于微课的翻转课堂在高校体育教学中实施可行性分析［J］.南京体育学院学报（自然科学版），2016，15（04）：107-111.

［44］于嘉，王美鑫，蒋吉.我国高校体育课程理论教学的时代意蕴、现实境遇与路径选择［J］.沈阳体育学院学报，2021，40（06）：43-48，64.

［45］于永晖，高嵘.体育素养的概念与内容构成辨析［J］.山东体育学院学报，2019，35（04）：111-118.

［46］张柏铭，钟武.立德树人视阈下的高校体育教学改革［J］.高教学刊，2018（15）：129-131，134.

［47］张兰香.学校体育教育基本理论与管理模式研究——评《当代体育教学管理研究》［J］.中国学校卫生，2021，42（03）：481.

［48］张胜利，邢振超，孙宇.高校体育教学与科学训练［M］.北京：九州出版社，2015.

［49］张泽.高校体育教学管理发展困境及前景展望［J］.长春师范大学学报，2021，40（08）：116-117.

［50］赵亮.构建终身体育教育体系的研究［J］.体育与科学，2012，33（05）：117-120.

［51］周春娟.高校体育教学的影响因素分析与改革探索［M］.青岛：中国海洋大学出版社，2018.

［52］周建华."教育规划纲要"理念下高校体育教学资源研究［J］.武汉体育学院学报，2015，49（01）：79-83.

［53］周鹏.终身体育思想视角下我国大学体育教学改革研究［J］.广州体育学院学报，2015，35（01）：126-128.